La Lumière sur le Sentier

UNICURSAL

Copyright © 2018

Éditions Unicursal Publishers
www.unicursalpub.com

ISBN 978-2-924859-52-0

Première Édition, Ostara 2018

La Lumière sur le Sentier

Traité écrit à l'intention de ceux qui ne connaissent pas
la Sagesse orientale et désirent en recevoir l'influence.

Transcrit par MABEL COLLINS

Traduit de l'anglais par A. B.

1909

Classiques Théosophiques

UNICURSAL

PRÉFACE

La première édition de la Lumière sur le Sentier
*étant épuisée, nous présentons au public français une
nouvelle traduction de cet admirable petit livre, dont
l'étude a éclairé et fortifié tant de nos frères, et dont la
lecture peut être bienfaisante à toute aine douée d'aspirations spirituelles.*

*Mais ce n'est pas une lecture seule qui pourra ja-
mais révéler toute la beauté, toute la profondeur de cet
ouvrage. Nous conseillons au lecteur de le lire d mainte
et mainte reprise; à chaque fois il fera de nouvelles
découvertes; il pénétrera des idées dont le sens réel lui
avait échappé jusqu'alors; et dans ces courts distiques,
mines d'or inépuisables pour le chercheur, il sera surpris
de découvrir des vérités pro- fondes et saisissantes, sous
une apparence parfois paradoxale.*

Nous faisons remarquer que, dans le texte du livre, trois différents types de caractères ont été employés ; ceci dans le but de distinguer les règles originales des deux séries d'explications qui y ont été ajoutées.

Le lecteur s'étonnera peut-être, en outre, de voir les règles numérotées, très souvent classées dans un ordre qui paraît singulier au premier abord on remarquera, par exemple, trois règles extrêmement brèves suivies par une quatrième plus longue. Une étude soigneuse démontrera que cette quatrième règle est continuellement en connexion avec les trois précédentes, et n'en est, en réalité, qu'une explication. Ces règles et leurs compléments doivent être étudiés simultanément.

En voici un exemple :

9. Ne désire que ce qui est en toi. (12) Car en toi se trouve la lumière du monde, l'unique lumière qui puisse être répandue sur le sentier. Si tu es incapable de la percevoir en toi-même, inutile de la chercher ailleurs.

10. Ne désire que ce qui est au delà de toi. (12) Elle est au delà de toi, parce qu'en la rejoignant tu t'es perdu toi-même.

11. Ne désire que ce qui est hors d'atteinte. (12) Elle est hors d'atteinte parce qu'elle recule indéfiniment. Tu entreras dans la lumière, mais jamais tu ne toucheras la flamme.

Comme dans la première édition de ce petit volume, nous ajoutons quelques pages sur Karma, *dont l'inspiration est la même que celle de la* Lumière sur le Sentier.

LE TRADUCTEUR.

LA LUMIÈRE SUR LE SENTIER

PREMIÈRE PARTIE

I

Ces règles ont été écrites pour tous les disciples : suis-les.

Avant que les yeux puissent voir, ils doivent être devenus inaccessibles aux larmes.

Avant que l'oreille puisse entendre, elle doit avoir perdu sa sensitivité.

Avant que la voix puisse parler en la présence des Maîtres, elle doit être incapable de blesser.

Avant que l'âme puisse se tenir debout en la présence des Maîtres, ses pieds doivent être lavés dans le sang du cœur.

1. Tue l'ambition.

2. Tue le désir de vivre.

3. Tue le désir du bien-être.

4. Travaille comme travaillent ceux qui sont ambitieux. Respecte la vie comme font ceux qui la désirent. Sois heureux comme le sont ceux qui vivent pour le bonheur.

Cherche en ton cœur la racine du mal et détruis-la. Elle vit, féconde, dans le cœur du disciple dévoué comme dans le cœur de l'homme de désir. Seul, le fort peut la détruire. Le faible doit attendre sa croissance, son épanouissement, sa mort. Et c'est une plante qui vit et se développe à travers les âges. Elle fleurit lorsque l'homme a accumulé sur sa tête des existences innombrables. Celui qui veut entrer dans le Sentier du pouvoir doit arracher cette chose de son cœur. Le cœur alors saignera, et la vie de l'homme semblera entièrement dissoute. Cette épreuve doit être subie : elle peut se présenter dès le premier échelon de l'échelle périlleuse qui mène au Sentier de vie ; elle peut tarder jusqu'au dernier. Mais souviens-toi, ô disciple, qu'elle doit être subie, et concentre sur cette tâche toutes les énergies de ton âme. Ne vis ni dans le présent ni dans l'avenir, mais dans l'Éternel. Cette ivraie géante ne peut y fleurir. Pour effacer cette souillure de l'existence, il suffit de la seule atmosphère de l'éternelle Pensée.

Note : L'ambition est le premier de nos maux: le grand tentateur de l'homme qui s'élève au-dessus de ses semblables. Dans sa forme la plus simple, c'est la recherche d'une récompense. Constamment, elle détourne de leurs capacités supérieures des hommes d'intelligence et de valeur, et cependant elle est un instructeur nécessaire. Ses résultats se transforment, dans la bouche, en poussière et en cendre. Ainsi que la mort et l'isolement, elle montre finalement à l'homme que travailler pour soi, c'est aller au-devant d'un désappointement.

Mais bien que cette première règle semble si simple et si facile, ne passe pas trop vite à la suivante. Car les vices de l'homme ordinaire subissent une transformation subtile et réapparaissent sous une autre forme dans le cœur du disciple. Il est aisé de dire : « Je ne veux pas être ambitieux ». Il n'est pas aussi facile de dire : « Quand le Maître lira dans mon cœur, il le trouvera parfaitement pur ». L'artiste sincère, qui travaille pour l'amour de son art, est quelquefois plus franchement engagé dans le droit chemin que l'occultiste qui s'imagine n'avoir plus d'attachement pour soi, mais qui, en réalité, n'a fait que reculer les limites de l'expérience et du désir, et reporter son intérêt sur les objets que lui offre l'horizon élargi de sa vie.

Le même principe s'applique aux deux autres règles, d'apparence également simple ; médite-les longuement et ne te laisse pas tromper par ton cœur. Car maintenant, au seuil, une erreur peut se réparer, mais si tu la gardes par de vers toi, elle croîtra et portera ses fruits, à moins que tu ne la détruises au prix d'une souffrance cruelle.

5. Tue tout sentiment de séparativité.

Note : Ne t'imagine pas que tu puisses t'isoler du méchant ou de l'homme insensé Ils sont *toi-même*, quoique à un moindre degré que ton ami ou que ton Maître Mais si tu laisses grandir en toi l'idée que tu n'es pas solidaire d'une personne ou d'une chose mauvaise, tu créeras, par ce fait, un Karma qui te liera à cette personne ou à cette chose jusqu'au jour où ton âme aura reconnu qu'elle ne peut être isolée. Rappelle-toi que le péché et l'opprobre du monde sont ton péché et ton opprobre, car tu fais partie du monde. Ton Karma est inextricablement tissé avec le grand Karma. Et avant que tu puisses atteindre la connaissance, il te faut avoir traversé tous les endroits, qu'ils soient impurs ou nets. Rappelle-toi que le vêtement souillé dont le contact te répugne peut t'avoir appartenu hier, peut t'appartenir demain. Et si tu t'en détournes avec dégoût, il t'enserrera d'autant plus étroitement, lorsqu'il sera jeté sur tes épaules. L'homme qui s'enorgueillit de sa vertu se prépare un lit de fange. Abstiens-toi parce qu'il est bon de t'abstenir, non pas afin de garder ta pureté personnelle.

6. Tue le désir de la sensation.

7. Tue la faim de la croissance.

8. Néanmoins reste seul et isolé parce que rien de ce qui a corps, rien de ce qui a conscience de la séparation, rien de ce qui est hors de l'Éternel ne peut venir à ton aide. Laisse-toi instruire par la

sensation et observe-la, parce qu'ainsi seulement tu peux débuter dans la science de la Soi-connaissance et poser ton pied sur le premier échelon de l'échelle. Croîs comme croît la fleur, inconsciente, mais ardemment désireuse d'ouvrir son âme à l'atmosphère. C'est ainsi que tu dois hâter l'éclosion de ton âme à l'Éternel. Mais il faut que ce soit l'Éternel qui sollicite l'épanouissement de ta force et de ta beauté et non le désir de croître, car, dans le premier cas, tu te développes dans toute la splendeur de ta pureté ; dans l'autre, tu ne fais que t'endurcir par l'inévitable passion de ta stature personnelle.

9. Ne désire que ce qui est en toi.

10. Ne désire que ce qui est au-delà de toi.

11. Ne désire que ce qui est hors d'atteinte.

12. Car en toi se trouve la Lumière du monde, l'unique Lumière qui puisse être répandue sur le Sentier. Si tu es incapable de la percevoir en toi-même, inutile de la chercher ailleurs. Elle est au-delà de toi parce qu'en la rejoignant, tu as perdu

ton moi. Elle est hors d'atteinte parce qu'elle recule indéfiniment. Tu entreras dans la lumière, mais jamais tu ne toucheras la flamme.

13. Désire le pouvoir avec ardeur.

14. Désire la paix avec ferveur.

15. Désire les possessions par-dessus toute chose.

16. Mais ces possessions-là doivent appartenir exclusivement à l'âme pure, et être, par conséquent, possédées d'une manière égale par toute âme pure. Elles ne seront donc la propriété spéciale du Tout qu'au jour où ce Tout ne fera qu'un. Convoite des possessions que l'âme pure puisse conserver, afin d'accumuler des richesses pour cet esprit collectif de vie, pour cette unité qui, seule, est ton Soi véritable. La paix que tu désireras est cette paix sacrée que rien ne peut troubler et dans laquelle l'âme croit comme la fleur sainte sur les lagunes silencieuses. Et ce pouvoir que le disciple doit convoiter est celui qui le fera paraître comme rien aux yeux des hommes.

17. Cherche la Voie.

Note : Ces trois mots sembleront peut-être de bien petite importance pour former une règle à eux seuls. Le disciple dira : « Approfondirais-je toutes ces pensées si je ne cherchais pas la voie ? » Cependant ne passe pas trop rapidement. Arrête-toi, et réfléchis un moment. Est-ce bien la voie que tu désires ? ou y aurait-il dans ta vision une vague perspective de grandes hauteurs à escalader, d'un grand avenir à réaliser ?... Prends garde. La voie doit être cherchée pour elle-même et non par égard à tes pieds qui la fouleront.

Il y a un rapport entre cette règle et la dix-septième de la seconde série. Lorsqu'après des siècles de luttes et de nombreuses victoires tu auras gagné la dernière bataille et demandé le secret final, alors tu seras prêt à aller plus loin. Lorsque le secret final de cette grande leçon aura été révélé, c'est en lui que se découvrira le mystère du Sentier *nouveau* — voie qui conduit au-delà de toute expérience humaine, et qui est entièrement au-dessus de toute perception et de toute imagination humaines. À chacune de ces étapes, il est nécessaire de s'arrêter longtemps et de bien réfléchir. À chacune de ces étapes, il est nécessaire de s'assurer que la Voie a été choisie pour elle-même. La Voie et la Vérité se montrent d'abord. La Vie vient ensuite.

18. Cherche la Voie en te retirant à l'intérieur.

19. Cherche la Voie en avançant hardiment au-dehors.

20. Ne te contente pas de la chercher par une seule route. Il y a pour chaque tempérament un chemin qui semble plus spécialement attrayant. Mais la Voie ne peut être trouvée au moyen de la dévotion seule, ni par la contemplation religieuse seule, ni par le progrès ardent, ni par l'observation studieuse de la vie. Aucune de ces routes ne peut, à elle seule, aider le disciple à franchir plus d'un échelon. Et tous les échelons sont nécessaires pour former l'échelle. Les vices de l'homme deviennent des échelons, un à un, à mesure qu'ils sont surmontés. Les vertus de l'homme, elles aussi, sont des échelons nécessaires et dont, en aucune manière, il ne peut se passer. Cependant, bien qu'elles créent une atmosphère favorable et un

avenir heureux, elles sont sans utilité si elles existent seules. La nature entière de l'homme doit être sagement mise au profit par celui qui désire entrer dans la Voie. Chaque homme est pour lui-même, d'une manière absolue, la Voie, la Vérité et la Vie. Mais il n'est tout cela, effectivement, que lorsqu'il saisit son individualité tout entière, et que, par la force de sa volonté spirituelle éveillée, il reconnaît cette individualité comme étant non pas lui-même, mais cette chose qu'il a créée laborieusement pour son propre usage et au moyen de laquelle il se propose, à mesure que sa croissance développe lentement son intelligence, d'atteindre la Vie qui se trouve au-delà de l'individualité. Lorsqu'il sait que pour cette raison sa vie existe, cette vie séparée, étonnante et complexe, alors, en vérité, et alors seulement, il est sur la Voie. — Cherche-la en te plongeant dans les profondeurs mystérieuses et glorieuses de ton être intérieur. Cherche-la en analysant toute expérience, en utilisant tes sens afin de comprendre la croissance et la signification de l'individualité, ainsi que la beauté et l'obscurité de ces autres fragments divins qui peinent côte à côte avec toi et qui forment la race à laquelle tu appartiens.

Cherche-la par l'étude des lois de l'existence, des lois de la nature et des lois du surnaturel; et cherche-la par la soumission profonde de ton âme à l'étoile vacillante qui brûle à l'intérieur. Par degrés, à mesure que tu veilleras et que tu adoreras, sa lumière deviendra plus intense. Tu sauras alors que tu as trouvé le commencement de la voie. Et quand tu en auras atteint le terme, sa lumière deviendra soudainement la lumière infinie.

Note : Cherche-la en éprouvant toute expérience, et rappelle-toi qu'en te disant cela, je ne veux pas dire : « Cède aux séductions des sens afin de les connaître ». Tu peux agir ainsi avant de devenir un occultiste, mais non pas après. Lorsque tu as choisi le sentier et que tu y es entré, tu ne peux céder sans honte à ces séductions. Cependant, il t'est permis de les éprouver sans horreur; tu peux les peser, les observer, les analyser, et attendre, avec une patience confiante, l'heure où elles ne t'affecteront plus. Mais ne condamne pas l'homme qui succombe; tends-lui la main comme à un frère pèlerin dont les pieds sont alourdis par la fange. Rappelle-toi, ô disciple, que l'abîme peut être énorme entre l'homme vertueux et le pécheur, mais qu'il est plus énorme encore entre l'homme vertueux et celui qui est arrivé à la Connaissance; il est sans limites entre l'homme vertueux et celui qui est au seuil de la Divinité. C'est pourquoi garde-toi de t'imaginer que tu ne fais plus partie de la masse.

Lorsque tu auras trouvé le commencement de la Voie, l'étoile de ton âme fera voir sa lumière et, à sa clarté, tu percevras combien grande est l'obscurité dans laquelle elle luit. L'intellect, le cœur, le cerveau, tout est obscurité, tout est ténèbres jusqu'à ce que la première grande bataille ait été gagnée. Ne sois point terrifié ni découragé à cette vue; garde tes yeux fixés sur la petite lumière et elle grandira. Mais que ces ténèbres, en toi-même, t'aident à comprendre la détresse de ceux qui n'ont vu aucune lumière et dont les âmes vivent dans une nuit profonde. Ne les blâme pas. Ne te détourne pas d'eux, mais essaie de soulever un peu de ce lourd Karma du monde; donne ton aide aux quelques fortes mains qui empêchent les pouvoirs ténébreux d'obtenir une victoire complète. Tu entreras alors dans une Association de joie qui impose assurément un labeur terrible et de profondes tristesses, mais aussi une vive et toujours grandissante félicité.

21. Sois prêt à voir s'épanouir la fleur dans le silence qui suivra l'orage ; pas avant.

Elle croîtra, elle s'élèvera, elle produira des branches et des feuilles et formera des bourgeons au sein même de la tempête et pendant toute la durée de la lutte. Mais sa fleur ne s'ouvrira pas avant que la personnalité entière de l'homme soit dissoute et détruite ; pas avant qu'elle soit tenue, par le fragment divin qui l'a créée, comme un simple sujet d'épreuve et de grave expérience ; pas avant que la nature entière ait cédé au Soi supérieur et lui soit devenue soumise. Un calme alors surviendra, semblable à celui qui se répand sur les contrées tropicales après une pluie d'orage, calme où la nature opère avec une telle rapidité que son action devient visible. C'est ainsi que la paix descendra sur l'esprit harassé. Et dans le silence profond surviendra l'évènement mystérieux qui fera connaître à l'âme qu'elle a trouvé la Voie. Donne-lui le nom qu'il te plaira : c'est une voix qui parle là où il n'y a nul être pour parler ; — c'est un messager qui vient, messager sans forme ni substance ; — ou c'est encore la fleur de l'âme qui s'est ouverte. Il ne peut être décrit par aucune métaphore. Mais on peut aller à sa rencontre, le désirer, le chercher, alors même que la tourmente fait rage. Le silence peut durer un moment ou un millier d'années. Mais il prendra fin. Cependant tu emporteras sa force en toi. À maintes reprises la bataille doit être engagée et gagnée. Pour un intervalle seulement, la nature peut être tranquille.

Note : L'éclosion de la fleur est le moment glorieux où la perception s'éveille ; à sa suite viennent la confiance, la connaissance, la certitude. L'instant où l'âme demeure en suspens est un instant d'étonnement. La satisfaction lui succède. C'est le silence.

Sache, ô disciple, que ceux qui ont passé par le silence, qui ont éprouvé sa paix et retenu sa force, ceux-là souhaitent ardemment que tu y entres aussi. C'est pourquoi, lorsque le disciple est capable d'entrer dans le Temple de l'Enseignement, il y trouve toujours son Maître.

Les règles ci-dessus sont les premières qui sont écrites sur les murailles du Temple de l'Enseignement :

Ceux qui demandent recevront.
Ceux qui désirent lire, liront.
Ceux qui désirent apprendre, apprendront.

Note: Ceux qui demandent recevront. Mais la voix de l'homme ordinaire a beau demander sans cesse, elle n'est pas entendue. Car il ne demande qu'avec son intellect et la voix de l'intellect n'est entendue que sur le plan de l'intellect. Aussi ai-je attendu que les vingt et une premières règles fussent dépassées avant de dire: Ceux qui demandent recevront.

Lire, dans le sens occulte du mot, c'est lire avec les yeux de l'esprit. Demander c'est éprouver la faim intérieure, le besoin passionné des aspirations spirituelles. Être capable de lire signifie avoir obtenu, à un faible degré, le pouvoir de satisfaire cette faim. Lorsque le disciple est prêt à apprendre, alors il est accepté, reçu, reconnu. Il doit en être ainsi, car il a allumé sa lampe, laquelle ne peut être cachée. Mais il est impossible d'apprendre avant que la première grande bataille ait été gagnée. L'intellect peut reconnaître la vérité, mais l'esprit ne peut la recevoir. Pour qui a traversé l'orage et trouvé la paix, il est désormais toujours possible d'apprendre, lors même que le disciple irrésolu fléchirait et quitterait le droit chemin. La voix du silence demeure en lui, et même s'il abandonne totalement le Sentier, un jour viendra où elle résonnera et le déchirera, séparant ses passions de ses possibilités divines. Alors, malgré la souffrance et les cris désespérés du soi inférieur abandonné, le disciple reprendra le Sentier.

C'est pourquoi je dis : la paix soit avec vous. « Je vous donne ma paix » ne peut être dit que par le Maître aux disciples bien-aimés qui sont comme Lui-même. Il y en a aussi, parmi ceux qui ne connaissent point la Sagesse orientale, à qui ces mots peuvent être dits et répétés journellement d'une manière plus complète.

△ Considère les trois vérités. Elles sont égales [1].

La paix soit avec vous.

△

[1]   Les trois vérités mentionnées ici sont données au commencement du huitième chapitre de *The Idyll of the white Lotus* (Mabel Collins). En voici la traduction :

« L'âme de l'homme est immortelle, et son avenir est celui d'une chose dont le développement et la splendeur n'ont pas de limites.

« Le principe qui donne la vie habite en nous et hors de nous ; il ne meurt jamais, il est éternellement bienfaisant ; il ne peut être vu, ni entendu, ni senti, mais il est perçu par l'homme qui désire la perception.

« Chaque homme est à lui-même, absolument, son propre législateur, le dispensateur de sa gloire ou de son obscurité, l'arbitre de sa vie, de sa récompense, de son châtiment.

« Ces vérités, qui sont grandes comme la vie elle-même, sont aussi simples que l'esprit humain le plus simple. Faisen la nourriture des affamés.

(N. D. T.)

DEUXIÈME PARTIE

II

Hors du silence qui est la paix, une voix sonore s'élèvera. Et cette voix dira : « Cela n'est pas assez ; tu as moissonné, maintenant il te faut semer ». Et sachant que cette voix est le silence même, tu obéiras.

Toi qui es à présent un disciple capable de te tenir de pied ferme, capable d'entendre, de voir et de parler ; toi qui a vaincu le désir et acquis la connaissance du *Soi ;* toi qui a vu ton âme en sa fleur, qui l'as reconnue et qui a entendu la voix du silence — va dans le Temple de l'Enseignement et lis ce qui s'y trouve écrit pour toi.

Note : Être capable de se tenir de pied ferme veut dire avoir confiance ; être capable d'entendre, c'est avoir ouvert les portes de l'âme ; être capable de voir, c'est avoir acquis la faculté de percevoir ; être capable de parler, c'est avoir gagné le pouvoir d'aider les autres ; avoir vaincu le désir, c'est avoir appris à maîtriser et à utiliser la personnalité ; avoir atteint la Soi-connaissance, c'est s'être retiré dans l'intérieur de la forteresse, là où la personnalité de l'homme peut être jugée avec un esprit d'impartialité ; avoir vu ton âme dans sa fleur, c'est avoir obtenu, en toi-même, une vision momentanée de sa transfiguration qui fera de toi, un jour, plus qu'un homme ; reconnaître, c'est accomplir la grande tâche de regarder en face la lumière étincelante, sans baisser les yeux et sans reculer d'épouvante, comme devant quelque fantôme effroyable. C'est ce qui arrive à quelques-uns, et la victoire est ainsi perdue au moment où elle allait être remportée. Entendre la voix du silence, c'est comprendre que la seule direction véritable vient de l'intérieur ; entrer dans le Temple de l'Enseignement, c'est arriver à un état dans lequel le savoir devient possible. Tu trouveras alors bien des paroles écrites en lettres flamboyantes et qui, pour toi, seront faciles à déchiffrer, car lorsque le disciple est prêt, le Maître l'est également.

1. Tiens-toi à l'écart dans la bataille qui se prépare, et bien que tu combattes, ne sois pas toi-même le guerrier.

2. Cherche le guerrier et laisse-le combattre en toi.

3. Prends ses ordres pour la bataille et suis-les.

4. Obéis-lui, non comme s'il était un chef, mais comme s'il était toi-même et comme si ces paroles étaient l'expression de tes secrets désirs ; car il est toi-même, quoique infiniment plus fort et plus sage que toi. Cherche-le ; autrement dans la fièvre et dans l'agitation de la bataille, tu pourrais passer à côté de lui et il ne te connaîtra pas, à moins que tu ne l'aies connu. Si ton cri vient frapper son oreille attentive, alors il combattra en toi et comblera le vide douloureux de ton âme. Et s'il en est ainsi, tu pourras traverser la bataille, infatigable et de sang-

froid, restant à l'écart et le laissant combattre pour toi. Il te sera impossible, alors, de frapper un seul coup à faux. Mais si tu ne le cherches pas, si tu passes à côté de lui sans le voir, il n'y aura aucune sauvegarde pour toi. Ton cerveau se troublera, ton cœur palpitera incertain et dans la poussière du champ de bataille ta vue et tes sens faibliront et tu ne reconnaîtras plus tes amis de tes ennemis.

Il est toi-même; et cependant tu es limité et sujet à l'erreur: lui est éternel et sûr. Il est l'éternelle Vérité. Une fois qu'il aura pénétré en toi, devenant ton guerrier, jamais il ne t'abandonnera entièrement, et, au jour de la grande paix, il deviendra *un* avec toi.

5. Écoute le chant de la Vie.

Note: Cherche-le, et écoute-le premièrement dans ton propre cœur. Tu commenceras peut-être par dire: « Il n'est pas là; en le cherchant, je ne trouve que dissonances ». Cherche plus profondément. Si de nouveau tu es déçu, arrête-toi, puis cherche plus profondément encore. Il y a une mélodie naturelle, une source obscure dans tout cœur humain.

Elle peut être recouverte, entièrement cachée et étouffée : mais elle s'y trouve. A la base même de ta nature, tu trouveras la foi, l'espérance et l'amour. Celui qui choisit le mal refuse de regarder en lui-même, et ferme l'oreille à la mélodie de son cœur, comme il ferme les yeux à la lumière de son âme. Il agit ainsi parce qu'il trouve plus commode de vivre au gré de ses désirs.

Mais au-dessous de toute vie passe le courant impétueux qui ne peut être arrêté ; les grandes eaux sont là, en vérité. Découvre-les et tu percevras que tout en fait partie.... *tout*, jusqu'à la créature la plus misérable, quelque persistance qu'elle mette à s'aveugler volontairement sur ce point et à revêtir un masque fantomatique d'horreur.

C'est dans ce sens que je te dis : Tous les êtres vivants parmi lesquels tu combats sont des fragments du Divin. Et si trompeuse est l'illusion dans laquelle tu vis, qu'il est difficile de deviner où tu commenceras à distinguer la douce voix dans le cœur des autres. Mais sache qu'elle est certainement en toi-même. C'est là qu'il te faut la chercher et une fois que tu l'auras entendue, tu la reconnaîtras plus facilement à l'entour de toi.

6. Conserve en ta mémoire la mélodie que tu entends.

7. Apprends d'elle la leçon d'harmonie.

8. Tu peux te tenir debout maintenant, ferme comme un roc au milieu de la tourmente, obéissant au guerrier qui est toi-même et qui est ton roi. Sans autre intérêt que de lui obéir, — ne te souciant point du résultat de la bataille, car une seule chose importe : c'est que le guerrier soit vainqueur, et tu sais qu'il ne peut être vaincu, — tiens-toi calme, attentif, et mets à profit l'entendement que tu as acquis par la douleur et par la destruction de la douleur. Seuls des fragments de la grande symphonie peuvent parvenir à ton oreille tandis que tu n'es encore qu'un homme. Mais si tu les entends, gardes-en fidèlement la mémoire, afin qu'aucun d'eux ne soit perdu pour toi, et tâche d'apprendre la signification du mystère qui t'environne. Avec le temps, tu n'auras plus besoin d'un instructeur. Car de même que l'individu possède une voix, de même en possède une ce en quoi l'individu existe. La vie elle-même a le don de s'exprimer et n'est

jamais silencieuse. Son expression n'est point un cri — comme toi qui es sourd pourrais le supposer : elle est un chant. Apprends d'elle que tu fais toi-même partie de l'harmonie ; apprends d'elle à obéir aux lois de l'harmonie.

9. Observe avec attention toute la vie qui t'environne.

10. Apprends à regarder avec intelligence dans le cœur des hommes.

Note : À un point de vue absolument impersonnel, autrement ta vision serait obscurcie. C'est pourquoi l'impersonnalité doit être prescrite en piemier lieu.

L'intelligence est impartiale ; aucun homme n'est ton ennemi, aucun homme n'est ton ami : tous sont également tes instructeurs. Ton ennemi devient pour toi un mystère qu'il te faut résoudre, même si cela demande des siècles, car l'homme doit être compris. Ton ami devient une partie de toi-même, une expansion de toi-même, une énigme difficile à déchiffrer. Une chose est plus difficile à connaître encore : ton propre cœur. Jusqu'à ce que les chaînes de ta personnalité se soient relâchées, tu ne pourras commencer à comprendre le profond mystère du Soi. Et pas avant que ces chaînes soient tombées, tu n'en pourras avoir la pleine révélation. Alors — et alors seulement — il te sera possible de la saisir et de la diriger. Alors — et alors seulement — tu pourras employer tous ses pouvoirs et les consacrer à un noble service.

11. Observe avec une attention suprême ton propre cœur.

12. Car ton cœur est la voie par où jaillira l'unique lumière capable d'illuminer la vie et de la rendre claire à tes yeux.

Étudie le cœur humain, afin de comprendre ce qu'est le monde dans lequel tu vis et dont tu veux faire consciemment partie. Considère la vie sans cesse mouvante et changeante qui t'environne, car elle est constituée par les cœurs des hommes, et, à mesure que tu comprendras leur constitution et leur signification, tu deviendras capable, par degrés, de percevoir le sens le plus large de la vie.

13. La parole ne vient qu'avec la connaissance.
Atteins la connaissance, et tu possèderas la parole.

Note : Il est impossible d'aider les autres tant
que tu n'es pas arrivé à une certaine certitude personnelle. Quand tu auras appris les premières vingt
et une règles, que tu seras entré dans le Temple de
l'Enseignement avec des pouvoirs développés et
l'entendement ouvert, alors tu trouveras en toi une
source d'où jaillira la parole.

Après la treizième règle, je ne puis rien ajouter
à ce qui est déjà écrit.

Je te donne ma Paix.

△

Ces notes sont écrites uniquement pour ceux
auxquels je donne ma paix ; pour ceux qui peuvent
lire ce que j'ai écrit avec les sens internes aussi bien
qu'avec les sens externes.

14. Ayant obtenu l'usage des sens internes, ayant maîtrisé les désirs des sens externes ayant vaincu les désirs de l'âme individuelle et ayant acquis la Connaissance, prépare-toi maintenant, ô disciple, à entrer réellement dans la voie. Le Sentier est trouvé ; soit prêt à le suivre.

15. Demande à la terre, à l'air et à l'eau les secrets qu'ils gardent pour toi.

16. Demande aux Saints de la terre les secrets qu'ils détiennent pour toi.

17. Demande au plus intime de ton être, à l'Unique, le secret final qu'il conserve pour toi à travers les âges.

La grande, la pénible victoire, la maîtrise des désirs de l'âme individuelle est un travail qui exige, pour son accomplissement, des siècles sans nombre ; c'est pourquoi ne t'attends pas à obtenir sa récompense avant que des âges d'expérience se soient accumulés derrière toi. Lorsque le temps d'apprendre la dix-septième règle est arrivé, l'homme est sur le point de devenir plus qu'un homme.

18. La Connaissance qui maintenant est tienne, l'est uniquement parce que ton âme s'est identifiée avec toutes les âmes pures et avec l'Être le plus intime en toi. C'est un dépôt qui t'est confié par le Très-Haut. Si tu trahis sa confiance, si tu emploies à tort cette connaissance ou si tu la négliges, il te sera possible, même à présent, de retomber des hautes régions auxquelles tu as atteint. De grands êtres, parvenus jusqu'au seuil même, retombent, incapables de soutenir le poids de leurs responsabilités. C'est pourquoi pense toujours avec crainte et en tremblant à ce moment solennel,... et sois prêt pour la bataille.

19. Il est écrit qu'aucune loi ne peut être formulée, qu'aucun guide ne peut exister pour celui qui se trouve au seuil de la divinité. Cependant, afin d'éclairer le disciple, la lutte finale peut être exprimée ainsi.

Attache-toi fermement à ce qui n'a ni substance ni existence.

20. Écoute uniquement la voix qui n'a pas de son.

21. Fixe ton regard exclusivement sur ce qui est invisible aux sens internes comme aux sens externes.

LA PAIX SOIT AVEC TOI

△

COMMENTAIRES SUR LES APHORISMES

COMMENTAIRE I

Avant que les yeux puissent voir,
Ils doivent être inaccessibles aux larmes.

Il faut que tous les lecteurs de ce volume se rappellent très nettement que ce livre peut leur paraître renfermer quelque philosophie, mais qu'il n'aura guère de sens s'ils le croient écrit en langage ordinaire. Pour la foule qui lit de cette façon strictement littérale, il semblera trop haut en saveur pour être goûté. Soyez prévenus et lisez, le moins possible, de cette manière.

Il y a une autre façon de lire qui est, en vérité, la seule dont il convient de se servir avec certains auteurs : c'est de lire non entre les lignes, mais dans le cœur des mots. À vrai dire, c'est déchiffrer une écriture secrète. Tous les ouvrages des alchimistes

sont écrits dans l'écriture secrète dont je parle ; elle
a été utilisée de tout temps par les grands philoso-
phes et les grands poètes. Elle est employée systé-
matiquement par les Adeptes de la Vie et du Savoir
qui, exprimant, en apparence, leur profonde sagesse,
cachent sous les mots même qu'ils emploient son
réel mystère. Ils ne peuvent faire davantage. Une
loi de la Nature exige, en effet, que tout homme
doit découvrir tout seul ces mystères ; il ne peut les
obtenir autrement. L'homme qui veut vivre, doit
absorber lui-même sa nourriture : c'est là une loi
naturelle qui s'applique aussi à la vie supérieure où,
s'il veut vivre et agir, l'homme ne peut être nourri
à la cuillère comme on nourrit un enfant : il doit se
nourrir lui-même.

Je me propose de mettre dans une forme de langage nouvelle et parfois plus claire, certaines parties
de *La Lumière sur le Sentier,* mais je ne puis assurer
que mon effort aboutira réellement à une meilleure
explication. Une vérité n'est pas rendue plus intelligible à un sourd-muet du fait que, pour la rendre
telle, quelque linguiste original aura traduit les mots
qui l'expriment dans toutes les langues vivantes ou
mortes, et lui aura crié à l'oreille ces différentes tra-

ductions. Mais pour ceux qui ne sont pas sourds-muets, un langage est généralement mieux compris que les autres, et c'est à ceux-là que je m'adresse.

Les tous premiers aphorismes contenus dans la première partie de *La Lumière sur le Sentier* sont, je le sais, restés scellés quant à leur signification cachée pour beaucoup de ceux qui, à d'autres égards, ont suivi l'orientation donnée par ce livre.

En ce qui concerne l'initiation à l'Occultisme, il y a quatre épreuves à subir et certaines vérités à connaître. Les Portes d'Or en défendent l'entrée; cependant quelques-uns ouvrent ces portes et découvrent l'au-delà sublime et illimité. Dans les lointains espaces du Temps, tous franchiront ces Portes; mais je suis de ceux qui désirent que le Temps — ce grand trompeur — ne soit pas ainsi tout-puissant. À ceux qui le connaissent et qui l'aiment, je n'ai rien à dire; mais aux autres — moins rares qu'on ne pense — aux autres, pour qui le passage du Temps est comme le coup d'un marteau de forgeron et la sensation de l'espace comme les barreaux d'une cage de fer, pour ceux-là, dis-je, je traduirai et retraduirai jusqu'à ce qu'ils aient complètement compris.

Les quatre vérités écrites en première page de *La Lumière sur le Sentier* se rapportent à l'épreuve de l'aspirant Occultiste. Jusqu'à ce qu'il ait traversé cette épreuve, il ne peut même pas toucher le loquet de la Porte qui donne accès au Savoir. Le Savoir est le plus bel héritage de l'homme, alors pourquoi n'essaierait-il pas de l'obtenir par tous les moyens possibles? Le laboratoire n'est pas le seul terrain de l'expérience; le mot *science* — il faut le rappeler — est dérivé de *sciens* participe présent de *scire:* « *connaître* », « apercevoir ». La science ne s'occupe donc pas que de la matière, non, pas même de ses formes les plus subtiles et les plus obscures. Une telle idée ne peut être née que du fol esprit du siècle. Science est un mot qui embrasse toutes les formes du savoir. Il est extrêmement intéressant de suivre les découvertes des chimistes comme aussi de les voir se frayer un chemin, à travers les densités de la matière jusqu'à ses formes les plus subtiles; mais il existe d'autres sortes de savoir que celle-ci, et tout le monde ne restreint pas sa soif — strictement scientifique — de savoir, aux seules expériences susceptibles d'être contrôlées par les sens physiques.

Celui qui n'est pas sottement indifférent ou paralysé par quelque vice capital, devine ou peut même découvrir avec quelque certitude qu'il existe des sens subtils latents au-dedans des sens physiques. Il n'y a rien qui soit extraordinaire dans ceci car, si nous prenions la peine d'invoquer le témoignage de la Nature, nous trouverions que tout ce qui est perceptible à la vue ordinaire possède — caché en soi — quelque chose de plus important que lui-même. Le microscope nous a ouvert un monde, mais au cœur de ces enveloppes révélées par le microscope repose un mystère qu'aucun instrument ne peut déceler.

Le monde entier est animé et illuminé, jusqu'en ses formes les plus matérielles, par un autre monde. Ce monde de l'intérieur est appelé, par quelques-uns, l'Astral; et cette expression en vaut une autre quoique signifiant simplement: « étoilé »; mais les étoiles, comme l'a fait ressortir Locke, sont des corps lumineux qui émanent la lumière d'eux-mêmes. Cette qualité est la caractéristique de la Vie qui repose dans la matière, car ceux qui voient la Vie n'ont pas besoin de lampe pour la rendre visible. Le mot « *star* » (étoile) vient de l'anglo-saxon

« stir-an » qui signifie diriger, se remuer, mettre en mouvement, et bien évidemment c'est la vie intérieure qui est maître de la vie extérieure, exactement comme le cerveau de l'homme guide les mouvements de ses lèvres. Aussi, bien que le mot « astral » ne soit pas excellent en soi, je consens à l'employer pour mes fins présentes.

La Lumière sur le Sentier est entièrement écrite dans un langage secret astral et ne peut être déchiffrée que par quelqu'un lisant astralement. Son enseignement est avant tout dirigé vers la culture et le développement de la vie astrale. Tant que le premier pas dans ce développement n'a pas été fait, le prompt savoir appelé intuition emportant en soi sa certitude est impossible à l'homme. Et cette positive et sure intuition est l'unique forme de connaissance qui rende l'homme capable de travailler rapidement, ou de parvenir à son être véritable et sublime dans la limite de son effort conscient. Obtenir le savoir par l'expérience est une méthode trop lente pour ceux qui aspirent à accomplir un réel travail; celui qui y parvient par une intuition sure aborde ses diverses formes avec une extrême rapidité, d'un ardent effort de volonté et comme un ouvrier décidé saisit ses outils — en restant indifférent aussi bien à leur poids qu'à toute autre difficulté qui pourrait se trouver devant lui : il n'attend pas que chacun des outils ait été essayé — il saisit immédiatement ceux qu'il juge les meilleurs.

Toutes les règles contenues dans la *Lumière sur le Sentier* sont données pour tous les disciples, mais pour les disciples uniquement — c'est-à-dire pour ceux qui veulent « s'emparer du savoir ». À tout autre qu'à l'étudiant de notre école, les lois de cet enseignement ne sont d'aucune utilité ni d'aucun intérêt.

À tous ceux qui s'intéressent sérieusement à l'Occultisme, je dis d'abord : saisissez le savoir. « À celui qui possède, il sera donné ». Il est inutile d'attendre que le savoir vienne. Au sein du Temps vous resterez et, pendant quelques années, vous demeurerez inertes, sans puissance. C'est pourquoi je dis à ceux qui ont faim et soif de savoir : suivez ces règles.

Aucune de ces règles n'est de moi ni de mon invention. Elles sont simplement l'expression de la super-nature, la traduction en verbe humain de vérités aussi absolues, dans leur propre sphère, que les lois qui régissent la direction de la terre et de son atmosphère.

Les « sens » dont il est question dans ces quatre règles sont les sens astraux — ou sens intérieurs.

Aucun homme ne désire voir cette lumière qui illumine l'âme extérieure à l'espace, avant que la souffrance, la douleur et le désespoir ne l'aient poussé hors de la vie ordinaire de l'humanité. Après avoir épuisé le plaisir, l'homme doit épuiser la souffrance jusqu'à ce que ses yeux deviennent enfin inaccessibles aux larmes.

Ceci est une vérité évidente, quoique je sache parfaitement le violent démenti qu'elle recevra chez beaucoup de ceux-là mêmes qui sympathisent avec des pensées jaillies de la vie intérieure. Voir, avec le sens de la vue astrale, est une forme d'activité qu'il nous est difficile de comprendre *ex abrupto*. Le savant sait très bien quel miracle accomplit l'enfant qui vient de naître, quand il lui faut en premier lieu conquérir sa vue et la forcer à obéir à son cerveau. Un miracle identique s'accomplit certainement pour chacun des sens physiques, mais cette prise de commandement de la vue est peut-être, de tous les efforts, le plus étonnant.

Encore l'enfant le fait-il presque inconsciemment et en raison de la puissante hérédité de l'habitude. Nul n'est conscient d'avoir jamais accompli cet effort, comme nous sommes incapables de nous rappeler les mouvements indépendants qui nous ont permis de gravir une colline l'an passé. Ceci découle du fait que nous agissons, vivons et existons dans la matière. La connaissance que nous en avons est devenue intuitive.

Il en est tout autrement de notre vie astrale. Au cours d'âges sans nombre, l'homme y a porté très peu d'attention — si peu, qu'il a pratiquement perdu l'usage des sens particuliers à cette vie. Il est vrai que dans toute civilisation l'étoile se lève et l'homme, malgré son plus ou moins grand degré de folie ou de honte, avoue reconnaître ce qu'il sait être. Mais le plus souvent il le nie et, par le matérialisme, devient cet être étrange qui ne peut pas voir sa propre lumière, une forme vivante qui ne veut pas vivre, un animal astral qui a des yeux, des oreilles, la parole et la puissance et qui cependant ne veut utiliser aucun de ces dons. Il en est ainsi pourtant, et l'habitude de l'ignorance est devenue tellement invétérée, que maintenant personne ne veut voir avec la vision intérieure jusqu'à ce que l'agonie ait privé les yeux physiques, non seulement de la vue, mais des larmes — qui sont la buée de la vie. Être inaccessible aux larmes c'est avoir affronté et maîtrisé l'humaine nature et en avoir atteint un équilibre que ne pourront plus détruire les émotions personnelles. Cet équilibre n'implique pas la dureté du cœur ou l'indifférence. Il n'implique pas l'accablement d'une douleur si vive que l'âme souffrante parait impuissante à la supporter un instant de plus. Il ne signifie pas l'engourdissement de la vieillesse, où l'émotion s'émousse parce que les nerfs qu'elle fait vibrer sont usés. Aucun de ces états ne convient au disciple et si l'un d'eux existe en lui, il doit le vaincre avant de pouvoir s'engager sur le Sentier. La dureté de cœur est le propre de l'homme personnel, de l'égoïste à qui la Porte est à jamais fermée. L'indifférence appartient au sot et au faux philosophe, à ceux dont la tiédeur fait des poupées incapables d'affronter les réalités de l'existence. Quand la douleur ou le chagrin ont émoussé l'acuité de la souffrance, il en résulte une léthargie ressemblant assez à celle qui accompagne la vieillesse, telle que l'expérimentent habituellement hommes et femmes. Un pareil état rendrait impossible l'entrée du Sentier, parce que « le premier pas » fait partie des difficultés à surmonter et réclame un homme fort, plein de vigueur physique et psychique pour le tenter.

Il est vrai, ainsi que le disait Edgar Allan Poe, que les yeux sont les fenêtres de l'âme, les fenêtres de ce palais hanté dans lequel elle habite. Cette interprétation en langage ordinaire est vraiment la plus rapprochée de la signification du texte. Si le chagrin, le découragement, la désillusion ou le plaisir parviennent à ébranler l'âme, au point de lui faire perdre son appui établi dans la sérénité de l'esprit qui l'inspire, la buée de la vie — les larmes — se répand en noyant le savoir dans la sensation. Tout, alors, devient trouble : les fenêtres sont obscurcies, la lumière est inutile. Ceci est aussi réel — strictement parlant — qu'est certaine la chute d'un homme qui, au bord d'un précipice, perd son sang-froid par suite d'une émotion soudaine. La gravité du corps — l'équilibre — doit demeurer assurée, non seulement dans les endroits dangereux, mais encore sur terrain plat, grâce au secours que nous donne la Nature par la loi de la gravitation. Ainsi en est-il avec l'âme : elle est le lien entre le corps extérieur et l'esprit étincelant au-dessus d'elle ; l'étincelle divine habite l'endroit paisible où nulle convulsion de la Nature ne peut ébranler l'air ; il en est ainsi toujours. Mais l'âme peut se détacher du support qu'elle a en elle, en perdre même le souvenir, bien que ces deux choses — l'étincelle et l'âme — ne forment qu'un seul tout ; et c'est par l'émotion, par la sensation que ce point d'appui est perdu. Éprouver plaisir ou peine occasionne une vibration intense qui est, pour la conscience de l'homme, la Vie. Or, cette sensibilité ne diminue pas du fait que le disciple commence son entraînement, au contraire, elle augmente. C'est là la première épreuve de sa force ; il faut qu'il souffre, il faut qu'il jouisse ou qu'il endure plus vivement que les autres hommes, alors qu'il a assumé un devoir qui n'existe pas pour les autres hommes : celui de ne pas permettre à sa souffrance de le détourner de son immuable but. Il lui faut, en fait, dès le premier pas se prendre en main avec fermeté et porter lui-même l'aliment à sa bouche ; personne d'autre ne peut le faire pour lui.

Les quatre premiers aphorismes de *La Lumière sur le Sentier* se rapportent entièrement au développement astral. Il faut que ce développement soit partiellement réalisé, c'est-à-dire qu'on s'y soit définitivement engagé — avant que le reste de ce livre soit réellement intelligible, sinon pour l'intellect, avant qu'il puisse être lu comme un traité pratique et non métaphysique.

Dans l'une des grandes Fraternités mystiques ont lieu, au début de l'année, quatre cérémonies qui pratiquement illustrent et éclairent ces aphorismes. À ces cérémonies, seuls les novices prennent part, car elles ne sont que des rites du seuil. Mais on s'explique à quel point c'est une chose sérieuse de devenir disciple, quand on aura compris que ces cérémonies sont toutes des cérémonies de sacrifice. La première est celle dont je viens de parler. La plus intense jouissance, la plus amère douleur, l'angoisse de l'abandon et du désespoir sont concentrés sur l'âme tremblante qui, n'ayant pas encore trouvé la lumière dans l'obscurité, est aussi impuissante qu'un aveugle; et tant que ces chocs ne sont pas endurés sans perte d'équilibre, il faut que les sens astraux restent scellés: telle est la loi miséricordieuse. Le « médium » ou le « spirite » qui se lance dans le monde psychique sans préparation est un homme qui viole la loi, un violateur des lois de la super. Nature. Ceux qui violent les lois de la Nature perdent leur santé physique ; ceux qui violent les lois de la vie intérieure perdent leur santé psychique.

Les « médiums » vont à la folie, au suicide, deviennent de misérables créatures dénuées de sens moral et finissent souvent comme les incrédules, en doutant même de ce qu'ils ont vu de leurs propres yeux. Le disciple est forcé de devenir son propre maître avant de s'aventurer sur ce sentier périlleux et de vouloir rencontrer les Êtres qui vivent et travaillent dans le monde astral — et que nous appelons les Maîtres à cause de leur grand savoir et de leur capacité de contrôler, non seulement eux-mêmes mais encore les forces qui les entourent.

L'état de l'âme, lorsque celle-ci vit pour la vie de la sensation, toute différente de celle du savoir, est un état de vibration ou d'oscillation, non de fixité. C'est là sa description la plus approximativement littérale, mais elle n'est littérale que pour l'intellect, non pour l'intuition. Pour cette partie de la conscience de l'homme, il faut un vocabulaire différent. Peut-être devrait-on traduire l'idée de « fixité » par « chez soi » (dans son habitat naturel). Aucune demeure permanente ne saurait se trouver dans la sensation, attendu que le changement est la loi de l'existence vibratoire. Cette vérité est la première que doit apprendre le disciple. Il est inutile de s'arrêter pour pleurer sur une scène de caléidoscope qui vient de passer.

Il y a une vérité très bien connue — vérité dont Bulwer Lytton nous a entretenus avec une grande puissance — c'est qu'une intolérable tristesse est la toute première expérience du néophyte en Occultisme. Sur lui tombe une sensation de vide qui fait du monde un désert, et de la vie un vain effort. Ceci suit sa première contemplation sérieuse de l'abstrait. En considérant, ou même en essayant de considérer, l'ineffable mystère de sa nature supérieure, le néophyte fait tomber sur lui l'épreuve initiale. L'oscillation entre le plaisir et la peine ne cesse peut-être qu'un instant, mais c'est assez qu'elle ait été interrompue pour le délivrer de l'ancre qui l'immobilisait dans le monde de la sensation. Il a expérimenté, si brièvement que ce soit, la vie plus grande et il poursuit péniblement l'existence ordinaire avec un sentiment d'irréalité, de vide et d'horrible négation. C'est là le cauchemar qui — dans le *Zanoni* de Bulwer Lytton — tourmentait le néophyte ; et Zanoni lui-même, qui avait appris de grandes vérités et à qui avaient été confiés de grands pouvoirs, n'avait pas réellement passé le Seuil, où crainte et espoir, désespérance et joie paraissent être, à un moment, des réalités absolues puis, l'instant d'après, de simples caprices de l'imagination.

Cette épreuve initiale est souvent attirée sur nous par la vie elle-même car, en définitive, la vie est le grand instructeur. Après avoir acquis le pouvoir de la dominer, nous revenons dans la vie tout comme le professeur de chimie revient dans son laboratoire et s'y instruit beaucoup plus que ne le fait son élève. Il y a des personnes si près de la porte du Savoir, que la vie même les prépare à la franchir sans qu'une main individuelle ait à invoquer le hideux gardien de l'entrée. Il faut naturellement que ces personnes aient des organismes affinés et puissants, susceptibles d'éprouver les plus vives jouissances ; alors, la douleur vient et accomplit son grand devoir. Les formes de souffrances les plus intenses s'abattent sur une telle nature, jusqu'à ce qu'elle s'éveille enfin de son engourdissement de conscience, et que par la force de sa vitalité intérieure, elle franchisse le seuil pour entrer dans le séjour de la paix. Alors l'oscillation de la vie perd son pouvoir de tyrannie. La nature sensitive peut encore souffrir; mais l'âme s'est affranchie et se tient à distance en guidant la vie vers sa grandeur. Ceux qui sont les esclaves du Temps et qui en traversent lentement tous les espaces, vivent jusqu'au bout d'interminables suites de sensations et éprouvent de constantes alternatives de plaisir et de peine. Ils n'osent pas saisir d'une main ferme le serpent du soi ni le vaincre, et, par là, devenir divins ; mais ils préfèrent continuer de s'user à travers la variété des expériences en subissant les chocs des forces contraires. Lorsqu'un de ces esclaves du Temps décide d'entrer dans le Sentier de l'Occultisme, c'est en cela que consiste sa première tâche. Si la vie ne lui a rien appris de ces choses, s'il n'est pas assez fort pour s'instruire lui-même, mais s'il a assez de puissance pour demander l'aide d'un Maître, alors l'épreuve terrible — décrite dans *Zanoni* — lui est imposée. L'oscillation dans laquelle il vit, est un instant adoucie ; et il doit survivre au choc que produit la contemplation de ce qui, tout d'abord, lui semble l'abîme du néant. Tant qu'il n'a pas appris à demeurer dans cet abîme, et pas trouvé sa paix, il n'est pas possible à ses yeux de devenir inaccessibles aux larmes.

COMMENTAIRE II

Avant que l'oreille puisse entendre,
Il faut qu'elle ait perdu sa sensibilité.

Les quatre premières règles de *La Lumière sur le Sentier*, si curieux qu'en puisse paraître l'exposé, sont incontestablement les plus importantes de tout le livre, sauf une seule. La raison pour laquelle elles ont une telle importance est qu'elles renferment la loi vitale, la réelle essence créatrice de l'homme astral. Or, c'est seulement dans la conscience astrale (ou lumineuse par soi-même) que les règles qui leur font suite prennent une signification vivante. Aussitôt qu'on est entré en contact avec l'activité des sens astraux — c'est une chose ensuite toute naturelle de commencer à s'en servir — c'est à nous à diriger leurs emplois en appliquant les dernières règles qui nous sont destinées. En parlant ainsi, je veux dire naturellement que les quatre premières règles sont les seules pouvant avoir de l'importance ou de l'intérêt pour ceux qui ne font qu'en lire un texte imprimé. Lorsqu'elles sont gravées indélébilement dans le cœur de l'homme et dans sa vie, il est évident que les autres règles deviennent non plus simplement d'intéressants ou extraordinaires exposés métaphysiques, mais bien des faits réels de la vie qui doivent être saisis et expérimentés.

Les quatre règles se trouvent écrites dans la grande salle de toute véritable Fraternité vivante. Que l'homme se trouve sur le point de vendre son âme au diable, comme Faust; qu'il doive avoir le dessous dans la bataille, comme Hamlet; ou qu'il puisse pénétrer dans le temple, en tout cas, ces paroles sont pour lui. L'homme peut choisir entre la vertu et le vice, mais il ne le peut qu'une fois devenu homme; ni un enfant ni un sauvage ne sauraient choisir. Il en est de même pour le disciple; il faut avant tout que l'homme devienne un disciple pour qu'il puisse discerner les sentiers et choisir entre eux. Cet effort pour se créer soi-même disciple, pour renaître, l'homme doit l'effectuer en dehors de tout instructeur. Tant que les quatre règles n'ont pas été comprises, aucun instructeur ne saurait lui être utile, et c'est pourquoi les règles parlent des « Maîtres » comme elles le font. Aucun véritable Maître, qu'il soit Adepte de la puissance, de l'amour, ou des ténèbres, ne peut avoir une influence sur l'homme avant que celui-ci ait dépassé ces quatre règles.

Les larmes, comme je l'ai dit, peuvent être appelées l'humidité de la vie. L'âme doit avoir rejeté les émotions humaines et s'être assuré un équilibre qui ne puisse être ébranlé par l'infortune, avant que ses yeux puissent s'ouvrir sur le monde super-humain.

La voix des Maîtres résonne toujours dans le monde ; mais ne l'entendent que ceux dont les oreilles ne sont plus réceptives aux sons qui affectent la vie personnelle. Le rire ne soulage plus le cœur, la colère ne le rend plus furieux, les paroles tendres ne lui apportent plus aucun baume. Parce que dans l'âme, pour laquelle les oreilles sont comme une porte sur l'extérieur, il y a un lieu de paix inaltérable en soi et que personne ne peut troubler.

Si les yeux sont les fenêtres de l'âme, les oreilles en sont les vestibules ou les portes. C'est par elles que nous prenons connaissance de la confusion du monde. Les grands Êtres qui ont conquis la vie, qui sont devenus plus que des disciples, demeurent en paix et tranquilles au milieu du frémissement et du mouvement caléidoscopique de l'humanité. Ils ont au-dedans d'eux-mêmes un savoir sûr aussi bien qu'une paix parfaite, de sorte qu'ils ne sont ni stimulés ni excités par les fragments d'information partiaux ou erronés que leur transmettent aux oreilles les voix changeantes de ceux qui les entourent. Quand je parle du Savoir, je veux dire le Savoir intuitif. Cette information sure ne peut jamais être obtenue par un travail ardu ou par l'expérimentation ; parce que ces méthodes-là ne sont applicables qu'à la matière, et que la matière est en soi une substance parfaitement instable, continuellement affectée par le changement. Les lois les plus absolues et les plus universelles de la vie naturelle et physique, telles que le savant les comprend, disparaîtront quand s'évanouira la vie de l'univers et que son âme seule subsistera dans le silence. De quelle valeur sera, alors, la connaissance de ces lois, acquise par le travail et l'observation ?

J'espère qu'aucun lecteur ou critique ne déduira de ce que j'ai dit que j'essaie de déprécier ou de dénigrer les acquisitions de la science ou l'œuvre des savants. J'estime, au contraire, que les hommes de science sont les pionniers de la pensée moderne. Les temps héroïques de la littérature et de l'art — où les poètes et les sculpteurs voyaient la lumière divine et l'exprimaient dans leur langage particulier — ces temps-là sont enfouis dans un lointain passé avec les sculpteurs d'avant Phidias et les poètes pré-homériques. Les Mystères ne gouvernent plus le monde de la Pensée et de la beauté. La puissance qui gouverne, c'est la vie humaine et non pas ce qui la transcende. Les travailleurs intellectuels cependant progressent, moins par leur propre volonté que par la force des circonstances, vers la lointaine limite qui sépare les choses interprétables de celles qui ne le sont pas. Chaque nouvelle découverte les porte un pas en avant; aussi, j'estime infiniment le savoir obtenu par la recherche et l'expérimentation.

Mais la connaissance intuitive est quelque chose de tout à fait différent. On ne l'acquiert pas attendu qu'elle est — à proprement parler — une faculté de l'âme ; non pas de l'âme animale, celle qui, après la mort devient ombre que la convoitise, l'attrait ou le souvenir de ses mauvaises actions retient dans le voisinage des êtres humains ; mais bien de l'âme divine qui anime toutes les formes extérieures de l'être individualisé.

L'intuition est, évidemment, une faculté qui a sa demeure dans l'âme individuelle et qui lui est inhérente. L'aspirant disciple doit s'éveiller à la conscience intuitive par un farouche et indomptable effort. J'emploie le mot indomptable pour une raison spéciale : Celui qui est indomptable, qui ne peut être dominé, qui sait qu'il doit agir en maître sur les hommes, sur les évènements, sur toutes choses à l'exception de sa propre divinité, celui-là seul peut éveiller cette faculté. « Avec la foi, tout est possible ». Les sceptiques se rient de la foi et se font gloire d'en être indemnes. La vérité c'est que la foi est un puissant levier, une énergie formidable qui peut, en effet, tout accomplir. C'est que la foi est le pacte — le contrat — entre la nature divine de l'homme et son moi inférieur.

L'utilisation de ce levier est tout à fait nécessaire pour obtenir la connaissance intuitive car, à moins de croire qu'une telle connaissance existe en lui-même, comment un homme pourrait-il y faire appel et en user ?

Sans cette foi, l'homme est plus abandonné qu'une épave à la dérive sur les hautes vagues de l'Océan. L'épave est, en effet, projetée de-ci de-là comme le peut être un homme livré aux hasards de la fortune. Mais de telles aventures sont purement extérieures et de très peu d'importance. Un esclave peut être traîné à travers les rues dans les chaînes et cependant posséder l'âme tranquille d'un philosophe, ainsi qu'on l'a pu voir en la personne d'Épictète. Un homme peut avoir en sa possession toutes les richesses du monde, paraître maître absolu de son destin et pourtant ne connaître ni paix ni certitude, parce qu'au-dedans de lui-même il est ébranlé par toutes les vagues de pensées qu'il rencontre. Et ces vagues changeantes n'emportent pas seulement le corps de l'homme de-ci de-là comme une épave flottant sur l'eau, ce qui ne serait rien. Elles entrent par les portes de son âme et submergent cette âme ; elles l'aveuglent, la dépouillent et la vident de toute intelligence permanente, de sorte que les impressions passagères l'affectent.

Pour rendre ma pensée plus claire, j'emploie-
rai une comparaison. Considérez un écrivain à son
travail, un peintre devant sa toile, un composi-
teur écoutant les mélodies qui chantent dans son
imagination joyeuse ; que n'importe lequel de ces
créateurs ait à passer ses journées devant une large fenêtre ouverte sur une rue très fréquentée. La
puissance de la vie qui l'anime aura pour effet d'an-
nihiler en lui à la fois la vue et l'ouïe, et l'intense
trafic de la ville ne sera pour lui qu'un flux dénué
d'intérêt. Mais qu'un homme à l'esprit vide et aux
journées sans but vienne s'asseoir à cette même
fenêtre, il observera les passants et se souviendra
des visages qui, par hasard, auront eu le don de lui
plaire ou de l'intéresser. Ainsi en est-il de l'intellect
dans son contact avec l'éternelle vérité. Lorsqu'il ne
transmet plus à l'âme ses oscillations, sa connaissance fragmentaire, ses renseignements incertains,
alors, dans le centre intérieur de paix — déjà trouvé
lorsque la première règle a été comprise — dans
ce lieu intérieur jaillit, comme une flamme, la lumière de la connaissance vraie. Dès lors, les oreilles
commencent à entendre. Très vaguement très fai-
blement d'abord. Et en effet, si vagues et si faibles

sont ces premiers indices du commencement de la vraie vie, que parfois on les repousse comme de pures imaginations, de simples illusions. Mais pour que ces indices puissent devenir autre chose que de pures imaginations, l'abîme du néant doit être affronté sous une autre forme. Le parfait silence qu'on ne peut obtenir qu'en fermant les oreilles à tous les sons éphémères, revêt une horreur encore plus épouvantable que le vide sans forme de l'espace. L'unique conception que nous puissions nous faire de l'espace vide, est, je pense, si on la réduit au minimum de réaction mentale, celle des plus noires ténèbres. Celles-ci causent à la plupart des gens une intense peur physique, et lorsqu'on les conçoit comme éternelles et immuables, il vient à l'esprit l'idée d'annihilation plutôt que de toute autre chose ; ce n'est pourtant que l'oblitération d'un seul sens et le son d'une voix peut encore s'élever et apporter le réconfort, même dans la plus profonde obscurité. Le disciple, ayant trouvé son chemin dans ces ténèbres — qui constituent l'effrayant abîme — doit alors fermer si bien les portes de son âme que nul consolateur ni aucun ennemi ne puisse y entrer. Et c'est en faisant ce deuxième effort que la peine et le plaisir sont reconnus comme n'étant qu'une sensation par ceux-là qui, auparavant, étaient incapables de s'en rendre compte. Cependant, quand la solitude du silence est atteinte, l'âme désire si ardemment et si passionnément Quelque sensation sur laquelle s'appuyer, qu'elle accueillerait aussi bien une sensation douloureuse qu'une sensation agréable. Lorsque cet état de conscience est atteint, l'homme courageux qui s'y accroche et s'y maintient, peut du même coup détruire la « sensibilité ». Lorsque l'oreille n'établit plus de distinction entre ce qui est agréable et ce qui est douloureux, elle ne saurait plus être affectée par les voix d'autrui. Par conséquent on peut être sûr et certain d'ouvrir les portes de l'âme.

L'acquisition de « la vue » est le premier effort et le plus aisé, parce qu'il est en partie accompli au moyen de l'intellect. L'intellect peut conquérir le cœur ainsi qu'on l'observe facilement dans la vie ordinaire. C'est pourquoi ce pas préliminaire appartient encore au domaine de la matière ; mais le deuxième pas ne souffre point une telle assistance, ni aucune aide matérielle quelle qu'elle soit. Par aide matérielle j'entends, naturellement, l'action du cerveau, ou des émotions ou de l'âme humaine. En contraignant les oreilles à n'écouter que l'Éternel silence, l'être que nous appelons l'homme devient quelque chose qui n'est plus l'homme. Un examen même très superficiel des mille et une influences qui sont exercées sur nous par autrui, montrera qu'il doit en être ainsi. Un disciple remplira tous les devoirs de sa nature humaine, mais il les remplira d'après son propre sentiment de la droiture, et non d'après celui de quelque autre personne ou association de personnes. Ceci est un résultat très évident qui découle du fait de suivre une doctrine de science certaine et non quelqu'une des croyances aveugles.

Pour obtenir le pur silence nécessaire au disciple, le cœur et ses émotions, le cerveau et ses concepts intellectuels doivent être écartés. Tous deux ne sont que des mécanismes, qui périront en même temps que la si courte vie de l'homme. C'est l'essence au-delà de ces fonctions, l'énergie motrice qui anime l'homme, qui maintenant est contrainte de s'éveiller et d'agir. Or, c'est l'heure du plus grand danger. Dès la première épreuve il y a des hommes qui deviennent fous de peur, et c'est elle qu'a décrite Bulwer Lytton. Mais si quelques poètes l'ont fait, aucun romancier n'a parlé de la deuxième épreuve. La subtilité et la grandeur du danger de celle-ci résident dans le fait que c'est de la mesure de la force de l'homme que dépend la chance qu'il a soit de la franchir, soit même de l'affronter. S'il a suffisamment de puissance pour éveiller cette région inconnue de son être — la suprême essence — alors il aura celle de soulever les Portes d'Or, et sera dès lors le véritable alchimiste, possesseur de l'élixir de vie.

C'est à ce point de l'expérience que l'Occultiste se trouve séparé de tous les autres hommes et qu'il commence à mener une vie qui lui est propre, qu'il avance sur le sentier du progrès individuel, au lieu d'obéir simplement aux génies qui régentent notre terre. Cette élévation de lui-même à une puissance qui lui est propre l'identifie, en réalité, aux plus nobles forces de la vie et l'unifie à elles. Car ces forces résident au-delà des puissances de cette terre et des lois de notre univers. C'est ici que se trouve le seul espoir qu'a l'homme de réussir dans ce grand effort qu'il doit faire pour s'élancer, directement, de sa position actuelle à la suivante et devenir, du même coup, une partie intrinsèque de la puissance divine, comme il a été une partie intrinsèque de la puissance intellectuelle de la grande nature à laquelle il appartient. Il se tient constamment en avance sur lui-même, si toutefois on peut comprendre une telle contradiction. Ce sont les hommes qui adhèrent à cette manière de voir, qui croient en leur capacité innée de progrès et en celle de toute la race, ce sont ceux-là qui sont les Frères Aînés, les pionniers. Chaque homme doit accomplir le grand saut par lui-même et sans aide, et cependant il est bon de savoir que d'autres ont marché avant lui sur cette route. Il est possible qu'ils se soient égarés dans abîme, qu'importe, ils ont eu le courage de s'y engager. Mais si je dis qu'il est possible qu'ils se soient égarés dans abîme, c'est à cause de ce fait que quelqu'un l'ayant traversé devient méconnaissable pour qui le revoit, jusqu'à ce que tous les deux aient atteint l'autre condition toute différente. Il est inutile d'essayer d'envisager à présent ce que peut être ce nouvel état. Je dirai seulement que dès qu'il est entré dans l'état de parfait silence, l'homme perd la connaissance de ses amis, de ses amours, de tout ce qui l'a touché de près et lui a été cher ; il perd aussi de vue ses Instructeurs et ceux qui l'ont précédé sur son chemin. J'explique ceci parce que rare est celui qui traverse cette épreuve sans plaintes amères. Si l'esprit humain pouvait comprendre par avance que le silence doit être absolu, certainement cette plainte ne devrait pas se dresser en obstacle sur le Sentier. Votre Instructeur, ou celui qui vous précède, peut tenir votre main dans la sienne et vous témoigner toute la sympathie dont le cœur humain est capable. Mais, quand viennent le silence et l'obscurité, vous le perdez entièrement de vue, vous êtes seul et il ne peut pas vous aider, non parce qu'il a perdu sa puissance, mais parce que vous avez invoqué votre grand ennemi.

Par votre grand ennemi, j'entends « vous-même ». Si vous avez le pouvoir d'affronter votre âme dans les ténèbres et le silence, vous aurez vaincu le moi physique ou animal qui réside uniquement dans la sensation.

Cet exposé, je le crains, paraîtra enchevêtré, mais en réalité il est tout à fait simple. Lorsqu'il a atteint sa maturité et que la civilisation est à son apogée, l'homme se trouve entre deux feux, si seulement il pouvait revendiquer son grand héritage,

l'encombrant appareil de la vie simplement animale s'écarterait de lui sans difficulté; mais il ne
lance pas cet appel, et par suite les races d'hommes
s'épanouissent, puis languissent et meurent, et dis-
paraissent de la surface de la terre, quelque splen-
dide qu'en ait été la floraison. Et c'est à l'individu
qu'il incombe de faire ce grand effort; de refuser
d'être terrifié par sa nature supérieure; de se refuser à être tiré en arrière par son moi inférieur, ou
matériel. Tout individu qui accomplit cela est un
rédempteur de la race. Il pourra ne pas proclamer
ses exploits, il pourra vivre dans la solitude et le
silence; mais il est certain qu'il constitue un lien
entre l'homme et son être divin, entre le connu et
l'inconnu, entre l'agitation de la place publique et
la paix des Himalayas couronnés de neige. Il n'a
pas besoin d'aller parmi les hommes pour établir ce
lien; dans l'astral il « est » ce lien, et ce fait le rend
différent du reste de l'humanité. Déjà à ses débuts
sur la route du savoir, quand il n'a fait encore que
le deuxième pas, il trouve sa marche plus assurée et
devient conscient d'être un fragment reconnu d'un
tout.

C'est là l'une des contradictions de la vie — qui se présente si fréquemment qu'elles offrent un aliment à l'imagination des romanciers ; l'Occultiste s'aperçoit vite que ces contradictions s'accentuent lorsqu'il s'efforce de vivre la vie qu'il a choisie. À mesure qu'il se retire en soi et devient indépendant, il constate qu'il est devenu une partie de plus en plus déterminée, ou caractérisée, d'un immense courant de pensée et de sentiment bien définis. Lorsqu'il a appris la première leçon, qu'il a vaincu la faim du cœur, et refusé de vivre de l'amour d'autrui, le disciple constate qu'il est devenu plus capable d'inspirer l'amour. Au moment où il rejette la vie, celle-ci vient à lui sous une forme nouvelle et avec une nouvelle signification. Le monde a toujours été pour l'homme un lieu rempli de contradictions ; quand il devient disciple, il pense que la vie peut se décrire comme une suite de paradoxes. C'est un fait de nature dont la raison est assez compréhensible. L'âme de l'homme, même celle du plus vil parmi nous, « est isolée comme une étoile » tant que sa conscience reste soumise à la loi de la vie vibrante et passionnée. Ceci, tout seul, suffirait à causer ces complications de caractère qui servent de su-

jets au romancier : chaque homme est un mystère
aussi bien pour son ami et son ennemi que pour
lui-même. Ses mobiles sont souvent impossibles à
découvrir ; il ne peut pas les sonder ni savoir pourquoi il fait ceci ou cela. L'effort du disciple doit être
d'éveiller la conscience dans cette région étoilée de
lui-même, là oie sa puissance et sa divinité reposent
endormies. Au fur et à mesure que cette conscience
s'éveille, les contradictions dans l'homme lui-même
deviennent plus marquées que jamais ; et aussi les
paradoxes à travers lesquels il vit. Car il est bien sûr
que l'homme crée sa propre vie ; et « les aventures
sont aux aventureux » est un de ces sages prover-
bes tirés des faits réels, et qui s'étendent à tout le
champ de l'expérience humaine.

Toute pression exercée sur la nature divine de
l'homme réagit sur l'être animal : lorsque l'âme silencieuse s'éveille, elle rend la vie ordinaire de l'homme
plus agissante, plus énergique, plus vraie et plus res-
ponsable. Pour m'en tenir aux deux exemples men-
tionnés, j'ajoute : l'Occultiste qui s'est retiré dans sa
citadelle a trouvé sa force ; la conscience qu'il aura
désormais des exigences que lui impose son devoir
est immédiate. Il n'obtient pas sa force de son pro-

pre droit, mais bien parce qu'il fait partie du tout; et, aussitôt qu'il est à l'abri de l'oscillation de la vie et peut demeurer inébranlable, la voix du monde extérieur lui crie de venir travailler avec lui. Il en est de même pour le cœur: c'est quand il ne désire plus rien prendre qu'il lui est demandé de donner abondamment. *La Lumière sur le Sentier* a été appelée, et très justement, un livre de paradoxes; que pouvait-elle être d'autre étant donné qu'elle traite de la réelle expérience personnelle du disciple?

Avoir acquis les sens astraux de la vue et de l'ouïe ou, autrement dit, avoir atteint la perception et ouvert les portes de l'âme, sont des tâches gigantesques qui peuvent nécessiter le sacrifice de nombreuses incarnations successives. Et cependant, quand la volonté a atteint sa force, le miracle entier peut s'accomplir en une seconde. Alors, le disciple n'est plus l'esclave du Temps.

Ces deux premiers pas sont négatifs, c'est-à-dire qu'ils impliquent le fait de s'être dégagé d'un présent état de choses, plutôt qu'un mouvement en avant vers une autre condition. Les deux pas suivants sont positifs: ils comportent en effet un progrès dans un autre état de l'être.

COMMENTAIRE III

Avant que la voix puisse parler
en la présence des Maîtres.

La parole est le pouvoir de communiquer avec autrui ; l'entrée dans la vie active est marquée par son acquisition.

Et maintenant, avant d'aller plus loin, permettez-moi d'expliquer un peu la manière dont sont disposées les règles énoncées dans *La Lumière sur le Sentier*. Les sept premières règles numérotées sont les subdivisions des deux premières qui ne portent pas de numéro, et dont je viens de parler dans les pages précédentes. Les règles numérotées tendent simplement à rendre plus intelligibles les règles non numérotées. De la huitième à la quinzième, ces règles numérotées concernent la règle non numérotée ci-dessus, et qui est maintenant le sujet que j'aborde.

Comme je l'ai dit, ces règles sont écrites pour tous les disciples, mais pour eux seuls ; elles n'ont d'intérêt pour aucune autre personne. Je compte donc que nul autre ne prendra la peine de lire plus loin ces commentaires. Les deux premières règles contiennent tout ce qu'il importe de savoir sur cette partie de l'effort qui exige du chirurgien l'emploi du bistouri. Mais le disciple doit s'attaquer au serpent, son moi inférieur, sans aide ; supprimer ses passions et émotions humaines par la force de sa volonté. Il ne peut demander l'assistance d'un Maître que lorsque ceci est accompli ou, en tout cas, partiellement réalisé. Autrement les portes et fenêtres de son âme tachées, obturées, resteront opaques et ne laisseront passer aucun savoir. Je ne me propose pas de dire, dans ces pages, comment un homme doit se comporter vis-à-vis de son âme ; je communique simplement au disciple : le savoir. Que je n'écrive pas, même maintenant, pour qu'il soit possible à tout venant de me lire, cela est dû aux immuables lois de la super-nature qui m'en empêchent.

Les quatre règles que j'ai transcrites pour ceux qui, en Occident, désirent étudier, sont, comme je l'ai dit, écrites dans l'antichambre de toute Fraternité vivante ou morte, ou encore de tout Ordre à venir. Quand je parle d'une Fraternité ou d'un Ordre, je n'ai pas en vue une formation arbitraire — établie par des érudits et des intellectuels — mais bien une chose réelle existant dans la super-nature, un stade du développement vers le Dieu ou le Bien absolu. Durant ce développement, le disciple rencontre l'harmonie, le pur savoir, la vérité pure, à des degrés divers ; et, à mesure qu'il atteint ces degrés il constate qu'il est devenu une partie de ce qu'on pourrait décrire — grossièrement sans doute — comme un niveau ou degré de la conscience humaine. Il rencontre ses égaux, hommes parvenus au même caractère désintéressé que lui, et son association avec eux devient permanente et indissoluble, parce qu'elle est fondée sur une ressemblance vitale de nature. Il leur est attaché par des vœux qu'il n'a pas besoin d'exprimer sous la forme de mots ordinaires. Ceci est un aspect de ce que j'entends par une Fraternité.

Si les premières règles sont conquises, le disciple se trouve debout sur le seuil. Puis si sa volonté est suffisamment forte, il acquiert le pouvoir de la parole : pouvoir double, car maintenant tout en avançant, il entre dans un état d'épanouissement où chaque bouton qui s'ouvre lance au-dehors ses divers rayons ou pétales. Pour que le disciple exerce son nouveau don, il faut qu'il l'utilise selon son double caractère. Il trouve en lui-même le pouvoir de parler en la présence des Maîtres, autrement dit : il a le droit d'exiger le contact avec l'élément le plus divin de l'état de conscience dans lequel il vient d'entrer. Mais il va se trouver contraint, de par la nature de sa position, à agir de deux manières à la fois. Il ne peut pas élever sa voix jusqu'aux hauteurs où se tiennent les Dieux, tant qu'il n'a pas pénétré dans les profondeurs où leur lumière ne brille jamais. Il est entré dans l'étreinte d'une loi de fer. S'il demande à devenir un néophyte, il devient aussitôt un serviteur. Toutefois son service est sublime, ne fût-ce que par le caractère de ceux qui le partagent. Car, les Maîtres sont aussi des serviteurs ; ils servent et ne réclament leur récompense que plus tard. Une partie de leur service consiste à permettre que leur savoir touche le disciple, dont le premier acte de service doit être de donner à son tour un peu de ce savoir à ceux qui ne sont pas encore capables de se tenir là où il se tient. Ce n'est pas là une décision arbitraire prise par un Maître ou un Instructeur ou quelque autre personne, toute divine soit-elle. Ceci est une loi de cette vie même dans laquelle le disciple s'est engagé.

C'est aussi pourquoi, il était inscrit sur la porte des Loges de l'ancienne Fraternité Égyptienne : « Le travailleur est digne de son salaire ».

« Demandez, et vous recevrez », résonne comme quelque chose de trop facile et de trop simple pour être croyable. Mais le disciple ne peut pas « demander » au sens secret où le mot est employé dans ce traité ; il ne le peut pas jusqu'à ce qu'il ait le pouvoir d'aider les autres.

Pourquoi en est-il ainsi ? Cet exposé a-t-il un son trop dogmatique ?

Est-il vraiment trop dogmatique de dire que l'homme doit avoir un sol ferme sous ses pieds avant de pouvoir sauter ? Le principe est le même. Si l'aide est donnée, si le travail est fait, il y aura alors un droit réel, non réclamation personnelle d'un salaire — comme nous pourrions peut-être l'appeler — mais revendication au nom d'une identité de nature. Ceux qui sont divins donnent; aussi demandent-ils que vous donniez avant d'être des leurs.

Cette loi se découvre aussitôt que le disciple tente de parler. Car le langage est un don qui n'est concédé qu'au disciple de la puissance et du savoir. Le spirite pénètre bien dans le monde psychique-astral, mais il n'y trouve aucune parole sure, à moins que tout de suite il en ait revendiqué le privilège et qu'il ne continue dans cette voie. S'il s'intéresse aux « phénomènes », c'est-à-dire aux simples particularités et évènements de la vie astrale, il ne pénètre pas dans le rayon direct de la pensée ou du but; il existe simplement dans le monde astral et s'y amuse, comme il a existé et s'est amusé dans le monde physique. Il y a certainement une ou deux leçons très simples, que peut lui enseigner le psychique-astral, exactement comme il y a quelques simples leçons que la vie matérielle et intellectuelle peut lui enseigner. Et il faut que ces leçons-là soient apprises; l'homme qui se propose d'embrasser la vie de disciple sans avoir appris les premières leçons élémentaires souffrira toujours de son ignorance. Ces leçons sont vitales et doivent être étudiées d'une manière vitale, expérimentées jusqu'au fond et à maintes reprises, afin que chaque partie de l'être en ait été pénétrée.

Revenons à notre sujet. En revendiquant le pouvoir de la parole, ainsi qu'on l'appelle, le néophyte implore le Grand Être qui se tient à la tête du rayon du savoir où il vient d'entrer, Celui qui a le pouvoir de lui servir de guide. Quand le disciple lance son appel, sa voix est renvoyée par la puissance dont il s'est approché et retentit jusqu'aux plus profonds retranchements de l'ignorance humaine. D'une manière un peu confuse et défigurée se transmet le message qu'il existe un savoir, et une puissance bienfaisante qui enseigne, et ce message est communiqué à tous les hommes qui veulent bien l'écouter. Aucun disciple ne peut franchir le seuil sans communiquer ce message et sans en laisser, d'une façon ou d'une autre, une trace durable.

Il reste frappé d'horreur, en voyant la manière imparfaite et inexperte dont il s'est acquitté de ce devoir ; il lui vient dès lors le désir de s'en acquitter mieux, et avec ce désir d'aider ainsi les autres la puissance lui vient Car, c'est un désir pur qui naît en lui ; il ne peut gagner ni influence, ni gloire, ni récompense personnelle en le réalisant. C'est pourquoi il obtient le pouvoir de le réaliser.

L'histoire de tout le passé, aussi loin que nous pouvons la faire remonter, montre très clairement qu'il n'y a ni influence, ni gloire, ni récompense à obtenir par cette première tâche confiée au néophyte. Les mystiques ont toujours été raillés et les prophètes discrédités ; ceux qui avaient en plus le pouvoir de l'intellect ont laissé à la postérité des témoignages écrits, qui sont jugés, par la plupart des hommes, insensés et chimériques, même alors que la parole de ces auteurs a l'avantage de nous parvenir du fond d'un passé très lointain. Le disciple qui entreprend sa tâche, en espérant secrètement que la renommée et le succès le feront apparaître aux yeux du monde comme un Instructeur et un Apôtre, celui-là, dis-je, tombe avant même d'avoir débuté dans son œuvre et son hypocrisie cachée emprisonne son âme et l'âme de ceux qu'il instruit. Il s'adore en secret lui-même et cette pratique idolâtre ne peut qu'amener ses conséquences.

Le disciple qui a conquis le pouvoir d'entrer et qui est assez fort pour franchir toutes les barrières, s'oubliera complètement, lorsque le divin message parviendra à son esprit, dans la nouvelle conscience qui lui échoit. Si ce sublime contact peut réellement l'éveiller à l'action, il s'associe au divin par son désir de donner plutôt que de prendre, par sa volonté d'aider plutôt que d'être aidé, par sa résolution de donner à manger à l'affamé plutôt que de prendre pour lui-même la manne du ciel. Sa nature se transforme et l'égoïsme, qui guide les actions des hommes dans la vie ordinaire, l'abandonne soudainement.

COMMENTAIRE IV

Avant que la voix puisse parler en présence des Maîtres, elle doit avoir perdu le pouvoir de blesser.

Ceux qui n'accordent qu'une attention passagère et superficielle à l'Occultisme — et leur nombre est légion — demandent constamment pourquoi, si les adeptes de la Vie existent, ils n'apparaissent pas dans le monde et n'exhibent pas leur puissance. Qu'il puisse être admis que la majeure partie de ces Grands Sages réside au-delà des forteresses de l'Himalaya, semble une preuve suffisante qu'ils ne sont que des personnages légendaires. Autrement, pourquoi les situer tellement loin?

Malheureusement, c'est là une disposition de la Nature, qui ne relève du choix de l'arrangement de personne. Il est certains lieux sur la terre où le

progrès de la « civilisation » ne se fait pas sentir et
où la fièvre du siècle est tenue en échec. Dans ces
lieux privilégiés, on a toujours le temps, toujours la
disponibilité pour les réalités de la vie ; ces réalités ne sont pas éliminées par les turbulences d'une
société avide d'argent et de plaisir. Tant qu'il y a
des Adeptes sur terre, la terre doit leur garantir des
lieux de retraite. Ceci est une loi de la Nature, qui
elle-même n'est qu'une expression extérieure d'une
loi capitale de la Super-Nature.

La demande adressée par le Néophyte n'est pas
entendue jusqu'à ce que la voix qui la profère ait
perdu le pouvoir de blesser. Il en est ainsi, parce
que le monde astral-divin est un endroit où l'ordre
règne, comme il règne dans le monde naturel. Sans
doute, le centre et la circonférence existent toujours,
comme ils existent dans la Nature. Au centre, tout
près du cœur de la vie — sur n'importe quel plan
— réside le Savoir ; là, règne l'ordre parfait, tandis
que le chaos rend trouble et confus le bord extérieur
du cercle. En fait, la vie qui anime chaque forme
ressemble plus ou moins exactement à une école
de philosophie. On y voit toujours les dévots du
Savoir qui oublient leur propre vie dans leur pour-

suite de la connaissance ; on y voit toujours aussi la foule des agités qui vont et viennent. De ceux-là, Épictète disait qu'il est aussi aisé de leur enseigner la philosophie que de manger de la crème à la fourchette. Le même état de choses existe dans le monde super-astral, et l'Adepte y jouit d'une retraite, encore plus cachée et plus profonde. Cette retraite est si sure, tellement à l'abri que pas un son, impliquant la moindre discordance, ne peut arriver à son oreille. Pourquoi en est-il ainsi — demandera-t-on immédiatement — dès l'instant où l'Adepte est un être en possession d'une puissance aussi grande que le disent ceux qui croient en son existence ? La réponse parait très évidente. L'Adepte sert l'humanité et s'identifie avec le monde entier. Il est prêt à tout moment à sacrifier sa rédemption, mais EN VIVANT, NON EN MOURANT POUR ELLE. Et pourquoi ne doit-il pas mourir pour elle ? Parce qu'il fait partie du grand tout, et qu'Il en est une des parties les plus précieuses. Parce qu'Il vit sous les lois qu'Il ne veut pas violer. Sa vie n'est pas sienne, mais bien celle des forces qui agissent derrière lui. Il est une fleur de l'Humanité, et renferme la Semence Divine. Il constitue, dans sa personne, un

des trésors de l'universelle Nature, qu'elle protège
et met à l'abri pour que sa fructification soit parfaite. Ce n'est qu'à des époques définies de l'histoire du monde qu'il Lui est permis de retourner,
comme Rédempteur, au sein de la masse humaine.
Mais pour ceux qui ont la force de se séparer de ce
troupeau, l'Adepte est toujours tout près. Et pour
ceux qui sont assez forts pour vaincre les vices de la
nature humaine personnelle, Il est consciemment
tout près, aisément reconnu, disposé à répondre.

Mais, cette victoire sur le moi implique une
destruction de qualités que la plupart des hommes
considèrent comme non seulement indestructibles,
mais encore désirables. Le « pouvoir de blesser »
comprend beaucoup de choses que les hommes
estiment non seulement en eux-mêmes mais chez
autrui. L'instinct de la défense personnelle et de la
conservation de soi-même en fait partie ; de même
l'idée qu'il possède un droit quelconque ou des
droits, soit comme citoyen, soit comme homme,
soit comme individu ; et aussi la complaisance de sa
propre dignité et de sa vertu. Ces paroles sembleront dures à beaucoup, néanmoins elles sont vraies.
Cependant ce que je viens d'écrire et ce que j'ai déjà

écrit sur ce sujet, n'est pas de moi. Tout provient des traditions de cette Branche de la Grande Fraternité qui fut jadis la secrète splendeur de l'Égypte. Les règles inscrites dans son vestibule étaient les mêmes que celles maintenant inscrites dans les antichambres des Écoles existantes. De tout temps, les sages ont vécu à l'écart de la masse des hommes. Et même quand un but ou objectif temporaire force l'un d'eux à venir au milieu de la société humaine, sa retraite et sa sûreté sont protégées aussi complètement qu'elles le sont toujours. Cela fait partie de son héritage, partie de son statut ; effectivement il y a droit et ne peut pas plus abandonner ce droit que le duc de Westminster ne peut déclarer qu'il ne veut pas être le duc de Westminster. Dans les grandes villes du monde, un Adepte demeure un temps, y revient de temps à autre, ou peut-être ne fait que les traverser ; mais toutes ces villes sont aidées temporairement par la puissance et la présence active de l'un de ces hommes. IL y a à Londres, comme à Paris et à Saint-Pétersbourg, des hommes hautement développés Mais ils ne sont reconnus en tant que mystiques que par ceux qui ont le pouvoir de les reconnaître et que seule donne la conquête

du moi. Autrement comment pourraient-ils vivre
— ne fût-ce qu'une heure — dans une atmosphère
mentale et psychique telle que la créent la confusion et le désordre d'une ville ? S'ils n'étaient pro-
tégés, Leur croissance serait entravée, Leur travail
compromis. Le néophyte peut fort bien rencontrer
un Adepte dans son corps physique, vivre avec lui
dans la même maison et être incapable de Le reconnaître et incapable de Lui faire entendre sa voix.
Car aucune proximité dans l'espace, aucune étroite
amitié, aucune intimité quotidienne ne peuvent
abolir les lois inexorables qui procurent à l'Adepte
Sa retraite. Pas une voix ne parvient à son oreille
intérieure qui ne soit devenue voix divine, une voix
qui n'émette plus le cri du moi. Tout appel de ce
dernier serait inutile, un gaspillage d'énergie et de
puissance, comme le serait pour des enfants, appre-
nant leur alphabet, d'en être instruits par un professeur de philologie. Tant que l'homme n'est pas
devenu, de cœur et d'esprit, un disciple, il n'existe
pas pour ceux qui sont les Instructeurs des disciples. Et il ne le devient que par une seule méthode
— l'abandon de son humanité personnelle.

Pour que la voix ait perdu le pouvoir de blesser, il faut que l'homme ait atteint ce point où il se considère uniquement comme membre des innombrables multitudes ; portion des sables que portent çà et là les vagues à chaque oscillation de la vie. On dit que, du fond de l'Océan, chaque grain de sable obtient, à son tour, d'être rejeté sur le rivage et de s'y reposer un moment au soleil. De même pour les êtres humains : ils sont poussés ici et là par une grande force, et tour à tour chacun se trouve sous les rayons du soleil. Si l'homme est à même de considérer sa vie comme une partie d'un tout semblable, il ne luttera plus en vue d'obtenir quelque chose pour lui-même. C'est là l'abandon des droits personnels. L'homme ordinaire s'attend non pas à accepter un destin identique à celui du reste du monde, mais bien à réussir mieux que les autres sur les quelques points qui lui tiennent à cœur. Le disciple ne s'attend à rien de pareil. Bien qu'il soit comme Épictète, un esclave enchaîné, il n'a pas un mot à dire à ce sujet. Il sait que la roue de la vie tourne sans cesse. Brune Jones ne l'a-t-il pas montré dans son merveilleux tableau : la roue tourne et sur elle sont attachés le riche et le pauvre, le grand et le petit; chacun a son moment de bonne fortune quand la roue l'amène au sommet; le roi s'élève et tombe, le poète est « choyé » et oublié, l'esclave est heureux et après rejeté. Chacun à son tour est broyé pendant que la roue tourne sur lui. Le disciple le sait, et, quoique ce soit son devoir de faire de sa vie tout ce qui est possible, il ne se plaint pas d'elle, n'est pas enivré par elle, et ne témoigne aucun mécontentement de la meilleure fortune des autres. Tous pareillement, comme il le sait bien, ne font qu'apprendre une leçon; et il sourit au socialiste et au réformateur qui, tous deux, s'évertuent à modifier, par la force, des circonstances qui sont le produit des forces de la nature humaine elle-même; ce qui n'est que regimber contre l'aiguillon, un gaspillage inutile de vie, et d'énergie. En réalisant ceci, l'homme abandonne ses droits individuels imaginaires, quels qu'ils soient, et se trouve délivré d'un puissant aiguillon, commun à tous les hommes ordinaires.

Quand le disciple a pleinement reconnu que l'idée même des droits individuels n'est que l'effet du venin de son moi, le sifflement du serpent personnel dont la morsure empoisonne sa vie et la

vie de ceux qui l'entourent, alors il est prêt à prendre part à une cérémonie annuelle ouverte à tous
les néophytes qui sont prêts pour elle. Toutes les
armes défensives et offensives sont abandonnées ;
toutes les armes de l'intellect et du cœur, du cerveau et de l'esprit le sont également. Jamais plus il
ne considèrera un autre homme comme une personne qui peut être critiquée ou condamnée ; jamais plus le néophyte ne peut élever la voix pour sa
défense ou son excuse propre. De cette cérémonie
il rentre dans le monde aussi impuissant et sans
défense qu'un nouveau-né. Et c'est bien ce qu'il est,
en effet. Il vient de naître sur le plan supérieur de
la vie, ce plateau ouvert aux grandes brises et à la
claire lumière d'où les yeux voient intelligemment
et contemplent le monde avec une pénétration
nouvelle. J'ai dit, précédemment, qu'après s'être séparé du sentiment des droits individuels, le disciple devait aussi se séparer du sentiment du respect
de soi-même et de la vertu. Ceci peut paraître une
terrible doctrine ; cependant tous les Occultistes
savent bien que ce n'est pas une doctrine, mais un
fait. Celui qui se croit plus saint qu'un autre, celui
qui a quelque orgueil à se sentir à l'abri du vice

ou de la sottise, celui qui se croit sage ou en quelque façon supérieur à ses semblables, celui-là est incapable d'atteindre l'état de disciple. Il faut que l'homme devienne un petit enfant avant de pouvoir entrer dans le royaume des cieux.

La vertu et la sagesse sont des choses sublimes ; mais si elles créent dans l'âme de l'homme de l'orgueil et une conscience de séparation vis-à-vis du reste de l'humanité, elles ne sont, alors, que les serpents du moi réapparaissant sous une forme plus subtile. A n'importe quel moment, le moi peut revêtir sa forme plus grossière et mordre avec autant de férocité que lorsqu'il déterminait soit le meurtre de l'assassin, qui tue pour l'amour du gain ou par haine, soit les agissements du politicien qui sacrifie la masse à ses intérêts ou à ceux de son parti.

Par le fait, avoir perdu le pouvoir de blesser signifie que le serpent n'est pas seulement blessé, mais tué. Quand il n'est qu'engourdi ou endormi, il se réveille et le disciple utilise son savoir et son pouvoir pour ses propres fins, il devient un élève des maîtres de la Magie noire, car le chemin qui mène à la destruction est large et facile, et peut se trouver les yeux bandés. Que ce chemin soit vraiment celui de la destruction est évident, car lorsqu'un homme commence à ne vivre que pour soi-même, il resserre progressivement son horizon jusqu'à ce qu'enfin le farouche effort de retrait sur soi-même ne lui laisse, pour y habiter, que l'espace d'une tête d'épingle. Nous avons tous constaté ce fait dans la vie ordinaire. L'homme qui devient égoïste s'isole, il se fait moins intéressant et moins agréable aux yeux des autres. Le spectacle en est vraiment effrayant et l'on recule devant un parfait égoïste comme devant une bête de proie. Combien plus effrayant encore, quand l'égoïsme se produit sur le plan de vie le plus élevé, avec des pouvoirs de connaissance accrus et au travers d'une série plus longue d'incarnations successives.

C'est pourquoi je dis : arrêtez-vous et réfléchissez bien sur le Seuil. Car, si la demande du néophyte est faite avant une purification complète, cette demande ne pénètrera pas la retraite de l'Adepte Divin, mais évoquera les forces terribles à l'affût sur le côté sombre de notre nature humaine.

COMMENTAIRE V

Avant que l'âme puisse se tenir debout en la présence des Maîtres, ses pieds doivent être lavés dans le sang du cœur.

Le mot âme, tel qu'il est employé ici, veut dire l'Âme Divine ou « Esprit étincelant ».

« Être capable de se tenir debout c'est avoir confiance », et avoir confiance signifie que le disciple est sûr de soi-même, qu'il a fait l'abandon de ses émotions, de son moi lui-même, et plus encore, de son humanité ; qu'il est inaccessible à la peur et insensible à la douleur ; que toute sa conscience est centrée dans la Vie Divine, symboliquement exprimée par le terme : « les Maîtres » ; qu'il n'a ni yeux, ni oreilles, ni voix, ni puissance, si ce n'est par et pour le Rayon Divin que lui a révélé son sens supérieur. Aussi est-il sans crainte, délivré de la souffrance, débarrassé de l'anxiété et du découragement; son âme se tient debout — sans repli ni désir d'ajournement — debout dans le plein éclat de la Lumière Divine qui le pénètre de part en part. Il est alors entré en possession de son héritage et peut revendiquer sa parenté avec les Instructeurs des hommes; il se tient droit, tête levée, il respire l'air qu'Ils respirent.

Mais avant que tout cela lui devienne possible il faut que son âme ait lavé ses pieds dans le sang du cœur.

Le sacrifice, ou l'abandon du cœur de l'homme et de ses émotions est la première des règles; « elle exige le maintien d'un équilibre qui ne saurait être ébranlé par l'émotion personnelle ». Le stoïcien y est parvenu; lui aussi se tient à l'écart et regarde également ses propres souffrances et celles des autres.

De même que le mot « larmes » dans le langage des Occultistes exprime l'essence de l'émotion et non son apparence matérielle; de même le mot « sang » exprime non pas ce sang qui est un élément essentiel de la vie physique, mais bien le principe créateur vital de l'être humain, ce qui le pousse dans l'existence humaine afin d'expérimenter la souffrance et le plaisir, la joie et la douleur. Lorsqu'il a laissé couler le sang du cœur, le disciple se tient devant les Maîtres comme un pur esprit qui ne désire plus s'incarner par amour de l'émotion et de l'expérience. Il se peut qu'à travers les grands cycles du temps, des incarnations successives dans la matière grossière soient encore son lot ; mais il ne les désire plus ; l'âpre désir de vivre s'est détaché de lui. Quand il prend la forme de l'homme incarné, il ne le fait que dans la poursuite d'un but divin, pour accomplir le travail des « Maîtres » et pour nulle autre fin. Il ne cherche ni le plaisir ni la souffrance ; ne demande nul paradis et ne craint aucun enfer ; cependant, il est entré en possession d'un grand héritage, qui n'est pas tant une compensation pour ce dont il a fait l'abandon, qu'un état qui, de soi-même, efface leur mémoire. Alors, le disciple ne vit plus dans le monde, mais avec lui. Son horizon s'est élargi jusqu'aux confins de l'univers.

KARMA

Considère avec moi l'existence individuelle comme une corde qui s'étend de l'infini à l'infini, qui n'a ni fin ni commencement, et n'est pas susceptible d'être rompue. Cette corde est formée par d'innombrables fils d'une extrême finesse et qui, étroitement juxtaposés, en constituent l'épaisseur. Ces fils n'ont point de couleur et sont parfaitement droits, résistants et lisses. La corde subit d'étranges accidents en passant par toutes sortes d'endroits, ainsi que cela a lieu. Très souvent, un fil se prend et demeure accroché, à moins qu'il ne soit violemment arraché de sa voie naturelle. Pour un long temps encore, il se trouve hors de place, et, par conséquent, tout l'ensemble des fils est en désordre. Parfois aussi l'un d'entre eux est souillé de boue ou taché de couleur, et non seulement la souillure s'étend au-delà du point de contact, mais elle atteint encore d'autres fils. Or rappelle-toi que ces fils sont vivants; qu'ils sont semblables à des fils électriques, ou mieux encore à des nerfs qui vibrent. À quelle distance, par conséquent, la souillure, la désorganisation peuvent être communiquées! Mais il arrive à la fin que ces longs cordons, ces fils vivants qui forment l'individu dans leur continuité ininterrompue, passent de l'ombre à la lumière. Les fils, alors, ne sont plus incolores, mais dorés; une fois de plus, ils sont réunis et lisses; une fois de plus, l'harmonie est rétablie entre eux, et par cette harmonie intérieure, l'harmonie plus grande est perçue.

Cet exemple ne présente qu'une petite portion, un côté unique de la vérité; ce n'en est pas même un fragment. Cependant que ton esprit s'y arrête, car par son aide tu seras amené à comprendre davantage. Ce qu'il est premièrement nécessaire de saisir est le fait que l'avenir n'est pas arbitrairement constitué par aucun des actes isolés du présent; mais que l'ensemble de l'avenir se trouve dans une continuité suivie avec le présent, tout comme le présent se rapporte au passé. Sur un plan et à un point de vue l'exemple de la corde est correct.

L'on dit qu'un peu d'attention prêtée à l'occultisme produit de grands résultats karmiques. Ceci a lieu parce qu'il est impossible de donner quelque attention à l'occultisme sans faire un choix défini entre ce que l'on appelle familièrement le bien et le mal. Le premier pas en occultisme amène l'étudiant devant l'arbre de la Connaissance. Il faut qu'il cueille et qu'il mange, il faut qu'il fasse son choix. Il ne peut plus éprouver l'indécision due à l'ignorance. Il s'avance, que ce soit sur le sentier du bien ou sur celui du mal. Et le fait de s'avancer résolument et en connaissance de cause, ne fût-ce que d'un pas, sur l'un ou l'autre de ces sentiers, ce fait seul produit de grands résultats karmiques. La masse des hommes cheminent, hésitants, incertains de ce but auquel ils tendent. Leur formule d'existence est vague, par conséquent leur Karma opère d'une manière indistincte. Mais une fois que le seuil de la Connaissance est franchi, la confusion commence à diminuer et, en raison de ce fait, les résultats karmiques en sont augmentés énormément, parce qu'ils agissent tous dans la même direction sur les différents plans. L'occultiste ne peut avoir le cœur partagé ; il ne peut revenir en arrière lorsqu'il a franchi le seuil. Cette chose est tout aussi impossible que le fait d'un homme qui redeviendrait enfant. En raison de sa croissance, l'individualité s'est approchée de l'état de responsabilité ; dès lors elle ne peut plus reculer.

Celui qui veut être délivré des entraves de Karma doit hausser son individualité, et la faire passer de l'ombre à la lumière. Il lui faut élever son existence de manière à ce que ces fils ne viennent point au contact de substances qui souillent ; qu'ils ne demeurent point accrochés, risquant ainsi d'être tordus. L'occultiste s'élève simplement au-dessus de la région où le Karma opère. Il ne quitte pas, pour cela, l'existence qu'il expérimente. Le sol peut être rude et malpropre, ou couvert de riches fleurs dont le pollen tache, et de douces choses qui s'attachent à lui et deviennent des liens ; mais là-haut, il y a toujours le grand ciel. Celui qui désire être sans Karma doit chercher sa demeure dans l'air, et ensuite dans l'éther. Celui qui désire se constituer un bon Karma sera sujet à bien des confusions ; et dans ses efforts de semer de la riche graine pour sa propre moisson, il se peut qu'il plante des milliers de mauvaises herbes, et parmi celles-ci, l'ivraie géante. Ne désire point semer de graines pour ta propre moisson: désire semer uniquement cette graine dont le fruit nourrira le monde. Tu es une partie du monde; en lui donnant la nourriture tu te nourris toi-même. Et cependant sous cette pensée même se cache un grand danger; ce danger se dresse et fait face au disciple qui longtemps a cru travailler pour le bien, tandis qu'au plus profond de son âme il n'a fait qu'apercevoir le mal; c'est-à-dire qu'il s'est imaginé travailler pour le grand bénéfice de l'humanité alors que tout ce temps, inconsciemment, il nourrissait en lui la pensée de Karma et qu'en réalité le bénéfice pour lequel il travaillait était pour lui et non pour les autres.

Un homme peut s'interdire la pensée de la récompense. Mais il prouve, par ce seul refus, qu'il désirait une récompense. Et il est inutile au disciple de s'efforcer d'apprendre par des moyens de contrainte. Il faut que l'âme soit sans entraves, que les désirs soient libres. Mais avant que ceux-ci soient fixés uniquement dans cet état où il n'y a plus ni récompense ni châtiment, ni bien ni mal, c'est en vain que le disciple redouble d'efforts. Il peut sembler faire un grand progrès mais quelque jour il se trouvera face à face avec sa propre âme et reconnaîtra qu'en arrivant à l'arbre de la Connaissance il avait choisi le fruit amer et non celui de saveur douce. Le voile alors tombera entièrement et le disciple abandonnera sa liberté pour devenir l'esclave du désir. C'est pourquoi, prends garde, toi qui t'orientes vers la vie de l'occultisme. Apprends, dès maintenant, qu'il n'y a pas de remède au désir, pas de remède à l'amour de la récompense, pas de remède au mal de convoiter, sinon de figer les regards et l'ouïe sur ce qui est invisible et inaudible. Commence dès maintenant à mettre ces choses en pratique et par là des milliers de serpents seront écartés de ton sentier. *Vis dans l'éternel.*

Les opérations des lois actuelles du Karma ne doivent pas être étudiées par le disciple avant que celui-ci soit arrivé au point où ces lois ne peuvent plus l'affecter. L'Initié a le droit de demander les secrets de la nature et de connaître les lois qui gouvernent la vie humaine. Il a conquis ce droit par le fait même de s'être affranchi des limites de la nature, de s'être libéré des règles qui gouvernent

la vie de l'homme. Il est devenu un fragment reconnu de l'Élément divin et n'est plus affecté par
ce qui est passager. Il obtient alors la connaissance
des lois qui gouvernent les conditions temporaires.
C'est pourquoi, toi qui désires comprendre les lois
du Karma, tente premièrement de te libérer de ces
lois, et tu ne pourras y arriver qu'en fixant ton attention sur ce que ces lois n'affectent pas.

△

TABLE DES MATIÈRES